Alberto Uncini Manganelli

La formula delle formule

Dai campioni dello sport l'ispirazione per realizzare il meglio di noi stessi

Prefazione di José Mourinho

CAIRO

Alberto Uncini Manganelli devolve parte dei diritti d'autore all'associazione Common Goal, per contribuire a progetti che supportano lo sviluppo dei bambini nello sport in comunità svantaggiate. Affinché tutti possano avere accesso alle pratiche sportive che hanno un impatto decisivo nella salute fisica, mentale, e nell'educazione del comportamento a ogni età.

Disegni di Andrea Boschini

ISBN 978-88-309-0519-1
Prima edizione: maggio 2025

Sommario

Prefazione

di José Mourinho

Fame di vincere.

È questo che definisce un grande campione.

Non riesco a pensare che siamo noi allenatori a dover motivare un atleta a lavorare di più, ad avere una maggiore ambizione. Migliorarsi, sfidare se stessi, tutto questo è già scritto nel DNA dei top player. Il vero campione si fa da solo, nessuno lo crea.

Qual è il nostro compito, allora? Senz'altro quello di mettere il giocatore nelle migliori condizioni possibili per esprimere il suo potenziale. In modo che possa dare il massimo. Ho avuto giocatori milionari con una carriera ormai al tramonto, che fino all'ultimo giorno hanno dimostrato voglia di vincere. Altri con un potenziale enorme non hanno combinato granché proprio per la mancanza di questa caratteristica decisiva.

Purtroppo la società di oggi ci mette del suo a distorcere la realtà, a convincere certe persone che si può diventare dei veri campioni… senza esserlo davvero. È un diffuso senso di protezione, generato da una cultura abituata a creare scuse. È sempre sbagliato generalizzare, quindi non mi riferisco a tutti i genitori o a tutti i procuratori là fuori, ma questa tendenza è evidente. Senza stare a fare nomi, al Chelsea ho avuto un giocatore con un papà che gli diceva: «Tu come centrocampista devi fare più goal, devi tirare da ogni posizione, devi allenarti molto sul tiro dalla distanza». Come educatore, il padre non era mai soddisfatto. Ebbene, il figlio ha stabilito ogni possibile record che un centrocampista di Premier League possa conquistare.

Tanti, troppi genitori oggi invece preferiscono trovare scuse. Mio figlio non gioca? È colpa dell'allenatore, del sistema tattico, di un pallone troppo leggero, delle scarpe scomode… capite? Non è mai colpa sua. Del giocatore. Mai. Chissà, forse state pensando a una situazione simile con i vostri figli, a scuola. Prendono un brutto voto? Sarà l'insegnante a non aver spiegato bene. A non averli capiti.

Ma non è così che funziona.

Nello sport, nella vita, ovunque.

Questa cultura della protezione può solo fare danni, invece di permettere al giovane di esprimere tutto il suo potenziale. Il calciatore di oggi ha due gruppi di persone che lavorano con lui: la gente del club e la gente fuori dal club. E così ci troviamo con un preparatore atletico privato che si preoccupa solo di lui, col nutrizionista personale che deve fare qualcosa di diverso dal nutrizionista del club… è facile che si creino contraddizioni, ma questo porta il ragazzo a trovare scuse permanenti per giustificare il mancato raggiungimento di un alto livello di performance.

Mi sono trovato di recente, a mercato chiuso, con un giocatore che voleva andare via perché il sistema tattico non era adatto a lui, ma vedete, il problema reale non è quello. È lui che non vuole adattarsi alla squadra, per mille distorte ragioni. Invece di impegnarsi e lavorare per riuscire a inserirsi e amalgamarsi con una visione di gioco, oggi si preferisce andare altrove, implorando i propri procuratori di essere ceduti.

Che compito abbiamo allora, noi coach, noi che lavoriamo come educatori nel mondo dello sport? E quale dev'essere il nostro stesso approccio al concetto di successo? Mi fa davvero male pensare che siamo in un periodo storico in cui diversi allenatori dicono: «Io ho la mia filosofia, e non la cambio». Finché vinci, questa convinzione può anche andare bene. Ma se inizi a perdere, come fai a pensarla in questo modo? Stai solo cercando di tirare su un muro, è una strategia di difesa personale.

Prima di tutto siamo chiamati a vincere titoli, questa è la verità.

E attenzione: non sarebbe giusto dire a un allenatore o a una squadra di livello e potenziale minore che devono per forza vincere titoli. Non è un cammino per tutti. Se all'inizio della stagione la società dichiara come obiettivo la salvezza, e quindi proprietario, presidente, dirigenti, allenatore e giocatori hanno ben chiaro quale sia il risultato da raggiungere, il tuo «titolo» è non andare in Serie B. Per poter dire di aver fatto bene, devi raggiungerlo. La gente invece spesso si nasconde, per orgoglio, dietro questa fissazione di portare avanti la propria filosofia anche di fronte al mancato successo, al mancato raggiungimento dei traguardi impostati dalla società all'inizio dell'avventura.

Non è così che si fa la storia.

Vorrei chiudere tornando alle prime righe di questa prefazione, dove parlavo del top player e della sua mentalità. Temi che questo libro di Alberto sviluppa attraverso l'opinione di chi la storia l'ha fatta davvero, sul campo. Anzi, su tantissimi campi diversi. E visto che scrivo queste pagine dopo una vittoria per 3-0 in Europa League e il secondo goal è stato segnato da Edin Džeko, voglio concentrarmi su di lui. Nella speranza che tanti giovani traggano un insegnamento da un simile esempio.

Il 10 giugno 2023 Edin gioca l'ultima partita con l'Inter, la finale di Champions contro il Manchester City. Poi si trasferisce in Turchia, a trentasette anni, e vi lascio immaginare quante persone hanno pensato: "Questo viene qui a prendere un sacco di soldi, si fa il suo bel ritiro comodo per due anni e poi se ne torna in Bosnia a fare la bella vita". Nient'affatto. Dzeko è venuto qui e non si è perso un allenamento, una partita, ha sempre dimostrato un'incredibile voglia di vincere e io me ne accorgo perfino nelle partitelle di allenamento.

Ci nasci, con una fame del genere.

E se è vera, se è scritta nel tuo codice genetico, non ti abbandona mai. Sarà il tuo tratto caratteristico per l'intera carriera. Niente psicologi, niente aiuti esterni. Certo, l'allenatore sarà un trascinatore, un motivatore, se è bravo ti metterà nelle migliori condizioni per dare tutto quello che hai, ma la cosa più importante è già dentro di te.

Questo è essere davvero ricchi: avere una fame da morire.

Si parte da qui, per raggiungere il successo.

Tutto il resto del percorso lo scoprirete nelle prossime pagine.

LA FORMULA DELLE FORMULE

* Non sappiamo molto di Ronald «Ronnie» Oldham, ma non compare in nessuna lista di campioni titolati. Forse, però, lo era. Dopotutto, dobbiamo prima definire chi è un campione e perché. E proveremo a farlo. Ronald adattò questa frase da una citazione di Claude T. Bissell, un autore e educatore canadese, ottavo presidente dell'Università di Toronto.

«L'eccellenza è il risultato dell'impegnarsi
più di quanto gli altri ritengano sia saggio,
rischiare più di quanto gli altri pensino sia sicuro,
sognare più di quanto gli altri pensino sia pratico,
e aspettarsi più di quanto gli altri pensino sia possibile.»
RONALD OLDHAM*

«L'eccellenza è l'impegno continuo
verso prestazioni di alta qualità
che produce risultati eccezionali,
con un valore che rimane nel tempo.
È credere nel miglioramento continuo
e nel non accontentarsi mai
che qualcosa risulti inferiore
a ciò che può veramente essere.
È scegliere il "massimo" come stile di vita.»
CLAUDE T. BISSELL*

Ho sempre amato la matematica, l'analisi, le equazioni.
Ho creduto nella logica e nelle funzioni.
Ho seguito i numeri.
Per poi scoprire che ciò che conta, non si può mai contare.
Un fattore sì, ma intangibile. Inquantificabile. Indefinibile.
Voi tre stravolgete tutto il mondo che pensavo di capire
al di là di ogni logica,
di ogni misura
e di qualsiasi comprensione.
Siete più di tutto quello che il pensiero logico possa capire.
Siete tutti i motivi per cui io possa desiderare di esistere.
Siete tutto il mio mondo e ogni sua ragione.

Introduzione

«Il successo non è solo una questione
di quanto in alto puoi andare,
ma di quanto lontano puoi spingere te stesso per arrivarci.
È un viaggio di mille miglia che inizia con un solo passo
e continua con una serie di piccoli, ma determinati, progressi.»
SCONOSCIUTO

Ho sempre amato la matematica.

Formule ed equazioni.

Dati e fatti.

Una logica chiara, conclusioni indiscutibili.

Potevo fornirvi un assist migliore per abbandonare la lettura dopo sole quattro righe?

Sapete, mi piace correre rischi.

Vi capirei se vi fermaste qui, davvero. Ma se avete deciso di fidarvi di me, vi prometto che non ho in serbo per voi un trattato di fisica quantistica. Anzi, parleremo di sport, campioni, valori.

Intendiamoci, la matematica non è esattamente sexy, specie agli occhi di qualcuno che per l'intera infanzia ha pensato solo a come diventare campione del mondo del football. Mi riferisco a quello che noi italiani chiamiamo «calcio», con la palla rotonda, la cui formula sferica è molto più semplice rispetto a quella di una palla ovale. Anche perché l'altro football, quello americano (che adoro), a ben guardare non ce l'ha neanche, un campionato del mondo. Gli atleti NFL sono definiti «campioni del mondo» quando si portano a casa il Superbowl. E probabilmente è vero.

Ma probabilmente.

Non matematicamente.

Una cosa è certa: «foot + ball» è uguale a «piede + palla».

Quindi si gioca con i piedi. Su questo non si discute.

La matematica è quell'insieme di regole che mi ha sempre mantenuto ancorato a una sensazione di certezza.

Uno più uno fa sempre due.

Matematico.

Certo.

Soprattutto, uguale per tutti: è onesto, trasparente, democratico.

E poi, se fai goal puoi vincere. Se non fai goal al massimo pareggi.

Se non tiri in porta non puoi fare goal, quindi non puoi vincere. Puoi giusto pareggiare.

Obiezioni?

Più in generale, se hai la palla la puoi giocare, quindi puoi fare goal e di conseguenza vincere. Viceversa, se non hai la palla non la puoi giocare, non puoi fare goal, e dunque neanche vincere, al limite pareggiare. Del resto era Pep Guardiola, ai tempi del suo monumentale Barcellona capace di sollevare ogni trofeo in palio sul pianeta, a dire: «Finché abbiamo noi il possesso del pallone, gli altri non possono segnare». Lapalissiano, direi.

Questa è la matematica, con le sue equazioni, le sue certezze.

Certezza uguale giustizia. E questo assume un valore ancora più importante nel mondo di oggi, dove invece di avere opinioni basate sui fatti, abbiamo sotto i nostri occhi tonnellate di fatti definiti dalle opinioni. Così la percezione diventa una realtà accettata da tutti, come effetto della massificazione sociale di opinioni individuali.

Tutto è fluido, in rapida evoluzione, e spesso senza un solido criterio logico.

Tutto è vero, quindi pure il suo contrario.

E se ogni cosa è sotto giudizio, i fatti diventano preda delle opinioni. Vince chi fa più rumore.

In mezzo a un simile caos, c'è qualcosa di bello nella certezza, nel calcolo, nel dare una forma definita, nella logica sequenziale che ti indica senza tema di smentita che facendo questo… si ottiene quello.

Una formula.

Una.

Immaginiamo che possa portare al successo.

Io appartengo a una generazione cresciuta secondo insegnamenti di questo tipo: più ti fai il culo, più possibilità hai di ottenere qualcosa di buono e di farcela nella vita. Semplice, no?

Direi matematico.

Non la giudico una regola assoluta. Non la sponsorizzo come se fosse l'unica via possibile per ciascuno di noi.

Ma che sia semplice – e matematica, appunto – credo ci trovi tutti d'accordo.

Corri di più e più veloce del tuo avversario? Hai una maggiore probabilità di anticiparlo, e puoi recuperare il pallone.

Lavori di più e meglio del tuo avversario? Il pronostico per la vittoria finale è dalla tua.

Un'ora in più.
Un allenamento in più.
Un test in più.
Un tentativo in più.
Una ripetuta in più.
Una corsa in più.

Ed ecco che l'impegno, la determinazione, il crederci al di là di ogni dubbio o paura, diventano decisivi per compensare un eventuale divario di talento.

Non siamo tutti nati col mancino di Diego Armando Maradona o Leo Messi. Meno siamo stati favoriti dalla genetica, dunque, più dobbiamo impegnarci. Ma anche nel caso di una naturale predisposizione, ci conviene comunque mettercela tutta. Forse ci verrà solo più facile.

Forse.

Lo stesso campione argentino, otto volte Pallone d'oro, al primo allenamento a Miami si è presentato due ore prima rispetto ai compagni. Dopo vent'anni di carriera a livelli impensabili, era ancora lì a dimostrare a tutti il valore del duro lavoro.

In poche e inequivocabili parole, il messaggio trasmesso è il seguente: bisogna farsi il culo. Sempre.

Semplice? No, non lo è per nessuno. Neanche per chi nasce con quel piede fatato, o con un DNA progettato per il successo.

Non si ottiene nulla per diritto divino.

È così anche nel mondo del lavoro. Insegui una promozione? Non ti basta rendere molto bene al livello a cui appartieni. Per meritarti il salto di ruolo, devi dimostrare di essere in grado di garantire una performance eccellente e degna del grado superiore al tuo. Giocare «da Serie A», insomma, anche se militi in B.

Nello sport, nessun giocatore diventa capocannoniere della sua lega o Scarpa d'oro europea senza aver segnato più goal di tutti. Quest'ultima è una graduatoria talmente matematica da avere dei coefficienti specifici per ciascun campionato, tali da definire con precisione il «peso» di ciascun goal, a seconda del torneo in cui lo segni. In un mondo in cui le opinioni trainano i fatti, ecco un esempio in cui senza i fatti – concreti e misurabili – non si ottiene alcun riconoscimento.

Del resto, alle Olimpiadi, sul gradino più alto del podio di qualsiasi disciplina ci sale chi vince, non chi si ritiene più bravo. Le due cose possono coincidere, e l'equazione tra vincere ed essere il più bravo può realizzarsi solo davanti al risultato. Il fatto modella l'opinione, com'è giusto che sia. E genera emozioni pure (guardate cosa sta succedendo al tennis da quando Jannik Sinner ha iniziato a vincere trofei su trofei).

Non ci sono scuse. Siamo abilissimi a dribblare i problemi e accampare spiegazioni, ma la verità è che la responsabilità di una mancata vittoria è solo nostra.

Non spiegare. Questo concetto l'ho imparato da un capo che avevo tanti anni fa a Roma. Le sue parole sono ancora piantate nella mia testa: «Nun me spiega'!», diceva. Anche perché «c'è sempre una buona ragione o una spiegazione per tutto, ma non cambierà il risultato».

E il risultato conta.

Tanto.

Aveva ragione.

Al punto che dietro a buoni risultati puoi mettere qualsiasi storia.

Ma nessuna storia sopravvive a risultati scadenti.

Dare la colpa agli altri, o appellarsi alla fortuna o alle congiunzioni astrali, non ci porta da nessuna parte. Invece, è utile convincersi che c'è sempre qualcosa che possiamo fare. Dipende da noi.

Una regola deve piantarsi nella nostra mente sin da subito, quando vogliamo raggiungere un obiettivo: non esistono scorciatoie per il successo, dobbiamo sempre scarificare qualcosa.

È un fattore determinante. Niente fisica quantistica. Solo dati oggettivi.

Nessun aggiramento dell'ostacolo, dunque. Nessuna fortuna.

Nessun diritto divino, nessun percorso prioritario.

Si deve lavorare duro, solo questo può fare la differenza. Agassi è diventato Agassi perché passava ore su ore a rispondere alle mine scagliate da una macchina sparapalline. Quanto tempo, quanto sacrificio in più rispetto ad altri tennisti, magari strutturati meglio di lui, o con una predisposizione genetica più favorevole?

Più ore.

Più allenamento.

Nessuna garanzia di successo.

Solo impegno, al massimo delle nostre possibilità.

È anche una maniera abbastanza chiara di dimostrare cosa conta davvero per noi. Quale passione ci animi.

Perché là dove il talento finisce, siamo trascinati dalla volontà.

E dove si esaurisce la volontà ci muove solo la passione.

Pensate per esempio a quanto impegno avete messo in una certa attività, quando questa era per voi nient'altro che un divertentissimo gioco.

Non si possono contare le ore spese, da bambino, a giocare a pallone con Maxi e Ricki, fino allo sfinimento, in qualsiasi contesto, al chiuso o all'aperto. Certo, tutte quelle ore non ci hanno resi campioni del mondo (e chissà, magari lo meritavamo, ma questa è un'altra storia... di tre amici e un pallone!).

Non si possono contare, eppure hanno contato. Hanno contato nella nostra amicizia, per formare il nostro set di valori e per renderci quello che siamo.

Il calcio era tutto.

Era tutto il nostro mondo.

Era il resto dell'universo a ruotarci attorno.

Nessun allenamento era «troppo».

Giocare di più. Imparare di più. Giocare meglio.

Queste erano le nostre regole. Semplici. Condivise. Matematiche, direi.

La matematica e lo sport ci insegnano l'importanza della pratica, della perseveranza e della precisione. Proprio come ogni atleta conta sulle ore di allenamento per essere sempre più competitivo, ogni matematico conta sulle proprie formule, ottenute tramite prove su prove, errori su errori, per svelare i misteri dell'universo. In entrambe le discipline, il successo dipende dal duro lavoro, dall'esercizio e dalla passione. Solo così si raggiunge l'eccellenza.

E non dimentichiamoci della cugina sportiva della matematica, ovvero la geometria. Quell'insieme di regole capaci di definire la traiettoria di un'incantevole punizione che scavalcando la barriera toglierà la ragnatela all'incrocio dei pali. Una magia, non trovate?

Sfortunatamente la mia dimestichezza con la matematica era di gran lunga superiore al talento nel calcio, cosa che mi ha precluso la strada verso la Coppa del mondo. Se era un obiettivo, Vostro onore, ammetto il mio totale fallimento.

Alle superiori invece, a sorpresa, la mia attenzione è stata rapita da un'altra materia: la filosofia. Non mi è stato chiaro fino a quando non ho cominciato a prendere voti molto alti e per niente proporzionali allo studio. Forse perché si trattava di logica. Mi sentivo come sincronizzato con la materia.

A quel punto il mio universo personale era fatto di tre elementi: sport, matematica e filosofia.

Ops, forse quattro: c'era anche *Star Wars*!

A pensarci bene, però, *Star Wars* non era altro che la combinazione dei tre elementi. Ricordate la «Forza»? Una unica, potente energia che connette, unisce e dà vita a tutte le cose.

Non so se ci credete, ma io sì.

Noi ci credevamo. Non avevamo bisogno di vedere, per credere. D'altra parte, sono forse visibili i segnali wi-fi o le onde radio?

La Forza è qualcosa che non vediamo e non possiamo spiegare a parole, che forse non possiamo proprio comprendere al giorno d'oggi... in fondo, ditelo agli antichi Romani di credere in internet, nel bluetooth o nelle videocall su Zoom. Ditelo ai saggi Greci antichi, che hanno codificato per la prima volta il termine «Filosofia», «*Philein-sophia*» («amore per la conoscenza»), di fare un air-drop delle foto scattate durante la Guerra del Peloponneso da una tavoletta sottile e lunga neanche dieci centimetri.

È solo questione di tempo.

Prima o poi scopriremo, studieremo e useremo la «Forza».

Ve lo assicuro.

Sport. Matematica. Filosofia.

Sport: dal francese arcaico «*desport*» che significa «tempo libero» o in inglese «*leisure*». La più antica definizione di circa 1300 anni prima di Cristo era «qualsiasi cosa che gli essere umani trovino divertente».

Matematica: dal Greco antico «*máthēma*» (μάθημα), che significa «ciò che viene imparato», o «ciò che si impara», quindi anche «studio» e «scienza». La scienza della logica, della quantità, della struttura, dell'ordine e della disposizione. Molte delle sue definizioni si riferiscono alla matematica come la sola, pura, scienza. La matematica include il contare, il dividere cibo e territori, tenere i registri. Ed esiste da quando esiste l'uomo.

Filosofia: come detto, dal Greco antico «*Philein-sophia*», «amore, o amante, della conoscenza o della saggezza». Col tempo ha acquisito l'accezione di «significato delle cose», di qualsiasi «cosa» si tratti.

Non sarò mai né Socrate, né Schopenhauer (e meno male…), ma mi piace pensare che anche una materia classica come la filosofia possa avere oggi un valore nella ricerca di un significato profondo. Il «meaning», direbbe un formatore anglosassone. Senza giudizio o pregiudizio, senza verità precostituite, ma portando con sé il valore del dubbio, della curiosità.

Sport. Matematica. Filosofia.

La gioia di giocare, la verità di ciò che è incontestabile, il profondo significato delle cose.

Gioia. Verità. Significato.

Solo ora, trent'anni dopo quell'età fragile e piena di sogni, capisco il loro valore, il loro legame e il loro «perché».

E i miei, di «perché».

Non ho mai cercato niente di più, di meglio o di diverso da quello. Tanto da pensare e da credere che ci sia un legame a unirli.

E se allora ci fosse una formula applicabile allo sport, o meglio al successo nello sport così come nella vita di ciascuno di noi? Se fosse d'ispirazione per cercare e trovare un proprio percorso, qualunque esso sia?

Per dare speranza, significato e valore.

Alla ricerca di questo elisir, di una possibile «formula delle formule», abbiamo chiesto a un gruppo di talenti straordinari in diverse discipline sportive di rispondere a una serie di domande, tra cui:

Cos'è vincere?

Cos'è la mentalità vincente?

Conta di più il talento o il duro lavoro?

Quali sacrifici hai fatto per raggiungere un obiettivo?

Quali errori o passi falsi ti hanno fatto cadere?

Hai dei rimorsi? Dei rimpianti?

Lo scopo era arrivare a una sintesi dei fattori comuni applicabili a tutti, nello sport o in altri campi della vita, per raggiungere risultati eccezionali.

Lo so, si tratta di un traguardo ambizioso. Ma il fatto che la «formula delle formule» non sia ancora nota non significa che non esista. Così come della Forza si vedono gli effetti, senza che possiamo comprenderne o analizzarne la natura. Ecco perché ho provato a definire questa formula, almeno fino a quando altri non dimostreranno il contrario, s'intende.

Di certo, e questo è un fatto, molti campioni hanno messo in pratica la propria strategia vincente, dunque una formula esiste e la sua ragion d'essere sta in una semplice ed empirica osservazione: ha funzionato.

Chi l'ha fatta sua è stato il migliore nella propria disciplina, ha stabilito nuovi record, ha scritto la storia.

E attenzione: parliamo di atleti capaci di individuare il proprio metodo e trasformarlo in successo, ma non di automi. Sono persone che nel corso della carriera sono state tormentate dai nostri stessi dubbi, dal senso di inadeguatezza o inferiorità. Hanno dovuto affrontare i nostri stessi ostacoli, scendere a patti con gli stessi fallimenti. Persone comuni con le stesse esigenze, le stesse aspirazioni e gli stessi sogni. E le stesse incertezze, perplessità, debolezze.

Forse superumani.

Ma sempre umani.

A seguito di una carriera brillante, hanno formato il proprio punto di vista sul successo, su cosa serve per vincere, sulla strategia che li ha guidati a scrivere la storia e a esserne parte, da qui all'eternità.

I sentieri imboccati e le scelte compiute hanno definito chi sono, quello in cui credono, e il set di valori che oggi possono trasmettere alle nuove generazioni.

Questa misteriosa sintesi matematica nasce dallo spirito dello sport, ma ha un significato destinato a trascenderlo, per allargarsi a ogni aspetto della nostra vita. Dunque riguarda tutti noi, nel momento in cui abbiamo un sogno da realizzare.

I nostri compagni di viaggio in questa avventura l'hanno sperimentata, l'hanno vissuta in prima persona, l'hanno dimostrata.

È la formula delle formule.

Perché?

«Il successo e il fallimento non si misurano solo dai risultati,
ma da quanta passione, dedizione e impegno
si mette in gioco per provare a vincere.
Perché il fallimento non è arrivare secondi o settimi o decimi,
ma è arrivare secondi, settimi o decimi
accettando di non dare tutto per fare il meglio del possibile.»

Non posso farne a meno. Mi piace capire il perché delle cose.

È sempre stato così per me: fare qualcosa che non riesco a capire bene mi risulta difficile, o comunque non mi piace.

Quindi ho una predisposizione naturale nel chiedere «perché?». Alcuni capiscono la genuina natura della mia curiosità, altri no e la sentono come una sfida al loro punto di vista o alle loro proposte. In ogni caso sento il bisogno di sapere e di comprendere il significato più profondo delle cose, prima di accettare «la cosa in sé».

Ho conosciuto persone molto più in gamba, affermate e di successo di me che di fronte a una certa realtà, qualunque essa sia, invece di chiedersi «perché?» al fine di capirne le motivazioni e la genesi, sanno accettarla così come è rispondendo a quella domanda con un semplice: «Boh, non importa!». Una versione più educata di «chissenefrega».

Che dire, alla fine dei giochi hanno ragione loro.

Voglio dire, perché porsi il problema e sforzarsi di

capire il significato o il motivo di un avvenimento che, in ogni caso, non possiamo cambiare?

È molto più pratico ed economico accettarlo e agire sulla base della pura realtà dei fatti, invece di investigare le cause di quella realtà che, quand'anche noi individuassimo una ragione scatenante, non è destinata a mutare. C'è un modo di dire specifico per questo genere di circostanza: «farsene una ragione».

Anch'io ho imparato in qualche modo a farmene una ragione (senza capirla ovviamente, il che è molto ironico). Posso stare al gioco, se occorre.

In questo percorso di apprendimento, in passato, ho avuto la fortuna di osservare e imparare tantissimo anche dal successo di persone focalizzate sul «cosa» più che sul «perché», capaci di affrontare la realtà così com'è, di capirne gli effetti tangibili per sfruttarli e agire in maniera rapida ed efficace, indipendentemente dalle cause a monte. Nel loro DNA dev'esserci un gene in grado di permettergli di seguire l'intuito, senza la necessità di investire del tempo per ricercare il perché delle cose. In questo modo ottengono risultati straordinari, veloci, tangibili. Certo, forse l'intuito, da solo, può portare verso risultati non strutturali e meno sostenibili in un'ottica di lungo termine e di crescita organizzativa (perché l'intuito di un individuo solo non è replicabile in un'organizzazione intera).

Questo comporta spingere le persone attraverso compiti e azioni precise, perché tali azioni sono dettate dal proprio intuito e dalla propria intenzionalità, invece di «tirare» le persone a una visione collettiva, e quindi attivando la motivazione che tende a tale obiettivo.

Azioni e risultati spesso anche frutto di azioni contingenti o compromessi a breve termine, che in sé non hanno niente di sbagliato ma sono legati a decisioni e contesti temporanei e non in prospettiva o sulla lunga distanza. Eppure, funzionano, specialmente in contesti in cui serve un cambiamento decisivo e rapido, come durante le crisi. D'altronde, senza un breve, non si può concepire un lungo termine, e quindi perché compromettere o limitare il successo di oggi per una speranza futura? Ho avuto la fortuna di imparare tantissimo da questo approccio.

Allo stesso modo, ma in maniera molto diversa, ho avuto la fortuna di essere testimone del successo di persone focalizzate sul «perché» invece del «cosa», con l'innata l'esigenza di capire prima di agire, e di contestualizzare all'interno di uno spettro più ampio, guardando alla visione d'insieme, prima di giudicare o di decidere qualcosa di specifico. Persone capaci di portarsi dietro e convincere gli altri, perfino intere organizzazioni, senza puntare sugli obiettivi immediati ma con la forza motivazionale di una missione, di una visione d'insieme e di lungo termine.

Tirano dunque, invece di spingere.

La loro necessità è quella di capire il problema alla radice in modo da risolverlo strutturalmente e in maniera definitiva, o di essere pronti e consapevoli qualora le cose si mettessero di nuovo male.

Io sono nato in mezzo ai perché, con più affinità naturale verso quest'ultimo approccio.

Posso fare domande all'infinito per un istintivo, innato e passionale bisogno di capire le cause e i motivi di quello che avviene e di agire in base alla comprensione dei principi generali e della visione d'insieme. Dal principio generale all'azione specifica, non viceversa. Tendo a spiegare a chi lavora con me perché facciamo quello che facciamo, quali sono i ragionamenti dietro alle decisioni, così che chiunque possa replicare il pensiero e il principio di base in nuove azioni. È così che credo si possano rendere tutti autonomi sulla base di una visione, un obiettivo e un set di principi. Col tempo mi sono adattato, ho iniziato a essere più selettivo nei miei «perché?», specie quando percepivo che la domanda risultava scomoda per l'interlocutore. E ho iniziato ad accettare la realtà così come è, limitando l'analisi teorica e facilitando l'azione pragmatica senza questionare troppo.

Ho anche imparato a lasciar correre.

O comunque ci provo.

Ma quanto mi piace capire il perché delle cose! La natura delle motivazioni umane, inclusa quella che mi ha spinto a scrivere il libro che tenete tra le mani e a porre tante domande a grandi campioni per capire meglio cosa si cela dietro al loro successo.

Quindi… nel momento in cui ho iniziato a scrivere queste pagine mi sono chiesto… perché? Perché questo libro?

Perché io penso che ci stiamo dicendo una grande bugia sul valore e sul significato di «vittoria» e di «successo» (personale o di squadra).

Ci stiamo dicendo che vincere non sia…. vincere. Ma sia tante altre belle cose.

E soprattutto che per sperare di vincere non sia necessario dare il meglio di noi stessi. Sempre.

E stiamo trasferendo questa bugia alle nuove generazioni, sempre più incapaci di orientarsi su ciò che vogliono veramente, su quello che cercano, su come raggiungerlo, e di conseguenza sempre insoddisfatte di quello che ottengono.

Ci stiamo confondendo su come riconoscere vittoria e sconfitta, e su come viverle e digerirle.

Così facendo, alle nuove generazioni arriva il messaggio distorto che vincere non sia... vincere.

Che il successo non sia... il successo.

E che vincere e avere successo non siano una diretta conseguenza di dare il massimo, dare tutto quello che si ha, ogni momento, ogni giorno. Sempre.

Se vincere non corrisponde più a classificarsi come numero uno, dando il massimo, mettendo in campo tutto quello che possiamo dare, con gli sforzi, i sacrifici e l'intensità necessaria e indispensabile per provarci veramente, allora, a mio avviso, abbiamo un problema.

Stiamo affermando di essere tutti sopra la media (quindi come si calcola la media?), ci diciamo di essere tutti bravi, e ci autoconvinciamo che alla fine esistono tanti modi di realizzarsi... o che è sufficiente partecipare (una sbagliata interpretazione delle parole di De Coubertin, ne parleremo in seguito). Che un certo risultato negativo semplicemente «va accettato» così com'è, che «non si può fare meglio», e addirittura che «non bisogna stressarsi troppo».

Di questo parlo.

Del fatto che non ci si debba creare un'inutile pressione, perché in fondo la vittoria non è tutto. Come non è tutto il risultato del compito di matematica del giorno prima, magari perché hanno tutti fatto male... quindi siamo giustificati.

Oppure che non bisogna vincere una partita per essere una squadra di successo, che siamo meritevoli a prescindere dall'impegno, o dal continuo sforzo per migliorare le nostre prestazioni.

Tale atteggiamento ha effetti dannosi sull'etica del lavoro, sulla massimizzazione del proprio potenziale, sulla gestione della sconfitta e, in ultimo, sulla capacità di perseguire la realizzazione personale.

Accade la stessa cosa in ambito professionale.

Tutti bravi, tutti parte di un team vincente.

Ma stiamo «vincendo» davvero? Produciamo risultati concreti? Se la risposta è no, per prima cosa dobbiamo prendere coscienza degli esiti infelici delle nostre piccole o grandi missioni, dopodiché dobbiamo indagare le cause di una mancata riuscita. Anche se scomoda, impopolare e frustrante, quella ragione a monte dell'insuccesso è l'unica arma che abbiamo per lavorare su noi stessi e migliorare. La frustrazione è una grande sorgente di motivazione per il miglioramento continuo.

Con questo non intendo dire che la ricerca della realizzazione non debba o possa passare attraverso motivazioni e obiettivi diversi dal conseguimento del massimo risultato. Ma questo non ci libera dalla nostra responsabilità, umana e professionale, di dare il meglio in quello che facciamo.

Di dare tutto.

Se competiamo, lo dobbiamo fare al meglio. Dare tutto sul campo, o sulla pista, quanti che siano i mesi di preparazione e sacrificio in vista di una gara.

Ogni singolo giorno.

Come nel titolo di un famoso film, ogni maledetta domenica.

Anche quando studiamo, dobbiamo farlo al meglio. Con curiosità, determinazione, impegno totale.

Se meditiamo, stessa cosa. Ci servono disciplina, regolarità, cura. Non possiamo farlo come e quando capita.

E così, anche quando lavoriamo, siamo chiamati a farlo al meglio: meglio di chiunque altro nella nostra posizione, con lo stesso incarico, nel medesimo ruolo o settore per l'azienda concorrente.

O comunque ci dobbiamo provare.

Sempre.

Non solo oggi, per poi prenderci una pausa domani.

Sempre.

Vincere è totalizzante. È così per i grandi atleti e l'ho riscontrato negli imprenditori di successo. Comincia da un impegno personale consistente, persistente verso il miglioramento continuo e la ricerca dell'eccellenza. Al punto da estendersi anche alla sfera personale. Al punto da spingerci a dare il massimo anche nelle attività quotidiane o familiari, per via di una curiosità innata, di una costante ricerca volta al miglioramento e per una determinazione che non ha limiti.

Se parliamo di sport, non basta farle, le cose.

Se è una gara, non basta essere iscritti. Serve un obiettivo.

Che sia arrivare in fondo, o che sia un tempo preciso, non conta.

Bisogna ambire.

Provare a dare il massimo.

Non basta partecipare.

La sconfitta non è nel non vincere, o nel raggiungere il risultato, ma è nel non provarci.

Si parla di impegno, coraggio, lavoro sodo, desiderio.

Si parla di aspirare al miglior risultato possibile.

E non ci sono scuse.

Sapete qual è il bello? Che magari poi non ci si riesce. La nostra corretta attitudine non garantisce il risultato. Ma questo è giusto, perché ci insegna la gestione del fallimento (un termine molto «giornalistico», che grandi campioni come Giannis Antetokounmpo hanno tenuto a ridefinire e smontare), stimola il continuo miglioramento, accende emozioni che abbiamo bisogno di provare per riuscire a gestirle e controllarle.

Ma se non ci sono vittoria e sconfitta, nel loro vero significato in quanto esiti estremi capaci di farti esplodere la testa di gioia o di chiuderti lo stomaco per giorni, come possiamo pretendere che le nuove generazioni siano in grado di fare i conti con le proprie emozioni, di sviluppare una solida etica del lavoro, capire quello che meritano e che non meritano, e possano dunque ambire a un continuo miglioramento?

Se non ti rode dentro quando ti sfugge l'obiettivo, puoi davvero chiamarla passione?

Se i modelli seguiti dalle nuove generazioni non danno il giusto valore all'impegno, alla crescita personale e al sano e indiscutibile principio del farsi il culo per ottenere qualsiasi obiettivo, chi spiega loro che la vittoria non si mette nel carrello di Amazon? Che non basta applicare un filtro in una storia di Instagram per rendere vincente il nostro cammino?

Perché sapete, tra il settimo e il primo posto talvolta la differenza è minima, e si può colmare. Ma si colma solo se riconosciamo il valore del primo e non accettiamo il settimo a priori.

La sconfitta non è il settimo posto. Anzi, il settimo posto può rappresentare un grande successo in sé, a seconda delle condizioni specifiche di ciascun percorso.

La vera sconfitta è l'accettare quel settimo posto. Soffocare il desiderio, l'ambizione, il sogno, perché tanto... va bene lo stesso.

Sconfitta è limitare la volontà.

La volontà di superare quell'ostacolo in più.

Di fare quel sacrificio in più.

Per guadagnare, in sostanza, quella possibilità in più.

Da quando abbiamo cominciato a dire ai nostri bambini che «non si può»? Che «è troppo difficile»? Che «non è possibile»?

Da quando abbiamo cominciato a dire ai nostri figli che possono o devono accontentarsi di quello che riescono a dare di se stessi? Invece di spronarli a cercare di realizzare il meglio e assumersi la responsabilità del proprio risultato?

Julio Velasco, uno degli educatori sportivi e coach più ammirati nella storia della pallavolo, di recente ha dichiarato: «I giovani di oggi non sono diversi da quelli di prima, ma sono i genitori che sono diversi dalle precedenti generazioni». E poi: «Immaginate un ragazzo che ha un problema a scuola, e i genitori gli dicono che il problema non è lui, ma gli insegnanti».

Quando abbiamo iniziato a dire ai giovani che dare il massimo non è indispensabile?

Che non vale la pena provarci o illudersi, perché tanto le possibilità sono poche?

Che qualsiasi risultato sufficiente sarà anche accettabile?

E da quando abbiamo cominciato a dire ai nostri ragazzi che una giusta dose di pressione è pericolosa, invece di costituire un privilegio per chi nutre aspettative e ambizioni più alte?

«La pressione è un privilegio» è una frase di Billie J. King, icona della storia del tennis, ed è stampata e consacrata a futura memoria nel corridoio di ingresso dello stadio centrale di Flushing Meadows, dove si giocano gli US Open. Proprio così: la pressione rivela di che pasta siamo fatti. Quando comprimi qualcosa, questo si può rompere, esiste un margine di rischio, ma può anche compattarsi e rinforzarsi… come una palla di neve, che ha un peso specifico e un impatto molto più forte dei semplici fiocchi di cui comunque è composta.

Quando, di preciso, abbiamo cominciato a pensare che il non riuscire è più penalizzante del provare, magari fallendo?

Tom Brady, uno dei più grandi quarterback nella storia del football americano, per molti il migliore in assoluto, è stato lapidario: «Per avere successo in qualsiasi cosa, la verità è che non bisogna essere speciali. Dovete solo essere ciò che la maggior parte delle persone non è: costanti, determinati, e disposti a lavorare sodo per raggiungere l'obiettivo».

È così.

Veniamo sconfitti non dalla mancanza di talento, ma dalla mancanza di costanza, di determinazione, di etica del lavoro. Dalla mancanza di aspettativa e di aspirazione.

Le nuove generazioni, che di talento ne hanno da vendere, corrono proprio questo rischio. Eppure, chiediamoci: abbiamo spiegato ai nostri ragazzi che il talento da solo non li porterà da nessuna parte, o che anche senza un talento smisurato tutto è possibile per chi ci crede davvero, ha una passione vera e può contare su determinazione e volontà infrangibili?

Non si sa come, ma dev'essere andata così: a un certo punto abbiamo iniziato a pensare che lavorare sodo, crederci sul serio e mantenere questa costanza nel tempo non fosse la base di ogni educazione nello sport e nella vita. Ma che esistono tante dimensioni e alternative alla realizzazione personale. Eppure, vincere dovrebbe essere un obiettivo costante, non uno scopo temporaneo, casuale o contingente.

Quando eravamo bambini gli eroi ci appassionavano perché, nello scontro tra il bene e il male, loro avevano la meglio.

Il bene vinceva sul male.

Anzi, trionfava.

Il concetto di vittoria è sempre stato chiaro. Netto.

Matematico.

1-0.

1°.

È sempre stato scritto nel nostro modo di valutare i risultati di una qualsiasi competizione. Ma anche nel nostro modo di vivere le piccole sfide sportive dell'adolescenza, come quando noi giocavamo la partitella tra le classi di seconda e terza elementare, durante l'intervallo, e lasciavamo brandelli di ginocchia sull'asfalto di piazza Trento Trieste. Perché nessuna lesione superficiale valeva quanto l'orgoglio della vittoria per le successive ventiquattro ore, o la profonda delusione della sconfitta.

Non dobbiamo confonderci: il significato di «sconfitta» è sempre stato chiaro. Ora sembra non esserlo più. Da quando perdere non significa più perdere?

Certo, se non apprezziamo il valore e il ruolo della vittoria, sarà molto difficile mettere in prospettiva la funzione e il significato della sconfitta.

Per questo lo sport ha un'importanza straordinaria: ci abitua giorno dopo giorno a vincere, a perdere, talvolta a pareggiare, a elaborare emozioni e archiviare lezioni che questi risultati portano con sé, e ogni volta ci sentiamo spinti a provarci, ad avere coraggio, a giocarci tutto, a imparare. In sostanza, a diventare atleti e persone migliori. E questo succede grazie a ogni colpo, ogni passaggio, ogni allenamento, ogni partita, perché «ogni maledetta domenica si vince o si perde, ma bisogna vedere se si vince o si perde da uomini». Al Pacino, nel film, si rivolgeva a uno spogliatoio maschile, ma è ovvio che il concetto vale per l'intero genere umano, chiamato a vincere o perdere con dignità.

Soprattutto, lo sport ci insegna a girare pagina.

Sì, perché sapersi rialzare è una qualità preziosa, un'attitudine tipica dei grandi campioni, un talento che può essere senz'altro innato, in certi soggetti, ma che si può anche imparare, quando il nostro organismo sa processare la sconfitta perché si è allenato nella maniera giusta, e ha imparato a produrre gli enzimi per digerirla e le piastrine per richiudere le cicatrici. In fretta. Prima che il danno diventi cronico.

Quella di voltare pagina è un'arte che possiamo allenare. Un addestramento alla nostra portata. A patto di non accontentarci. A patto di non mantenere l'asticella al livello del terreno, in modo che sia più facile da scavalcare.

Perché anche in una finale di Wimbledon, ogni punto, nel momento in cui si gioca, è e deve essere la cosa più importante di tutte. Ma quando il punto è assegnato, appartiene al passato, e da lì in poi vale e conta solo il punto successivo.

Il prossimo colpo, la prossima partita, la prossima sfida.

Gli insegnamenti del passato ci daranno fiducia, ispirazione, e una volta archiviati conterà solo la prossima palla. E allora sarà la nostra volontà a moltiplicare le forze per provare a vincere una nuova, bellissima sfida. Tutti questi ingredienti li ritroviamo nei pensieri dei nostri campioni, che hanno già scritto la storia, e insieme a loro proveremo a ricavarne la formula.

La formula delle formule.

Cos'è «vincere»?

«Vincere non è tutto,
è l'unica cosa.
Non è una cosa occasionale,
è un'abitudine,
un'attitudine,
una maniera di vivere.»
VINCE LOMBARDI

Cos'è vincere?

Cos'è vincere...

... facile: essere i primi.

In un gioco, una gara, un test, un esame, un'elezione, raggiungendo o superando un obiettivo predeterminato.

I vincitori assoluti sono anche i numeri uno.

È pura matematica.

Numero 1.

Vincere conta.

Molti direbbero che il resto sono chiacchere.

In realtà, nel corso delle generazioni e delle diverse culture, la vittoria ha assunto forme, interpretazioni e significati molto diversi.

Specie oggi, tale significato si evolve e si rimodella, man mano che crescono le nuove generazioni, Z e Alpha, nate in un mondo «on demand» in cui tutto risponde e si ottiene al comando di un dito. Letteralmente.

Queste generazioni mostrano un atteggiamento diverso verso la vittoria e danno un'interpretazione alternativa del successo, attraverso un set di valori distante da quelli cui eravamo abituati noi. Per «noi» intendo la generazione X e, in una certa misura, anche i Millennials.

Problema: mentre tv, social, tablet e app varie si possono comandare, e tutto è a portata di *clic*... alla vita non si comanda.

Non si può comandare la vittoria.

Non puoi comandare il successo.

Frustrante, vero?

Non c'è pulsante, in nessuna app.

Non è in vendita e non è su richiesta.

Non possiamo ordinare né la mentalità della vittoria, né il risultato di quella mentalità... vincente. Almeno per ora, fino a quando non saremo in grado di distillare anche la mentalità vincente in un dispositivo touch.

Ne parleremo più avanti, quando sottoporremo ai campioni il tema del «*work your ass off*», riformulato in un più morbido concetto di «sacrificio». Ma per ora, supponiamo che in un mondo on demand, a portata di mano, vincere non sia un pulsante da premere, un comando da eseguire.

E menomale.

Torniamo alla mia cara matematica.

Come abbiamo detto, vincere = numero 1.

Questo è tutto, sul piano matematico.

Ma fuori dai numeri, che cos'è vincere?

Riguarda l'intensità del percorso? O solo l'atto dell'attraversare primi la «finish line»?

O entrambe le cose?

«E perché?» chiederebbe mia figlia adolescente (da qualcuno avrà preso...).

È la gara? O la preparazione?

È effetto del talento? O del lavoro duro?

È l'effetto di una passione indescrivibile? O di un'ossessione irragionevole? O entrambe?

Che sia il frutto di una folle perseveranza e della determinazione nella ricerca continua dell'eccellenza?

Deriva dal coraggio di provare?

Dall'ambizione di «farcela»?

O dall'incoscienza di andare oltre qualsiasi statistica?

Assumendo che in realtà la matematica non sia tutto (quanto mi costa scriverlo, ho ancora la mano che trema!), «vincere» può assumere vari significati a seconda del contesto. Sì, spesso ha a che fare con prestazioni, strategie, abilità o fortuna superiori rispetto ai rivali. Tuttavia, la vittoria potrebbe anche rappresentare un concetto soggettivo e variare in base agli obiettivi individuali e alle definizioni di successo. In effetti, diverse ricerche filosofiche, sviluppatesi nel corso dei secoli e in diverse parti del mondo, fornirebbero diverse interpretazioni della vittoria.

Nella prospettiva dell'esistenzialismo, associato a molti filosofi europei del diciannovesimo e ventesimo secolo, e radicato nell'esplorazione del significato, dello scopo e del valore dell'esistenza umana, la vittoria si esprimerebbe nella creazione del proprio significato, senso e scopo della vita, in relazione a obiettivi e risultati molto individuali e personali. Si tratta dunque di prendere il destino nelle proprie mani, affermare la propria libertà, riconoscendo al contempo la responsabilità individuale nel plasmare il proprio domani.

Diversamente, e probabilmente al contrario, da un punto di vista nichilista vincere sarebbe forse arbitrario, privo di significato e potenzialmente inutile, dato il presupposto che la vita non ha un vero significato, un senso pratico o uno scopo preciso. Al punto che vincere sarebbe una distrazione, spesso temporanea, dalla sensazione del vuoto esistenziale, o addirittura una costruzione artificiale della mente, senza alcun valore reale o intrinseco.

L'utilitarismo invece, di base orientato a massimizzare beneficio e utilità, unici elementi capaci di definire la felicità e il benessere complessivi per la stragrande maggioranza degli esseri umani, interpreterebbe la vittoria in base all'impatto positivo nell'aumentare la felicità e ridurre la sofferenza, per se stessi e per gli altri colpiti dalle conseguenze delle azioni.

Nel contesto dell'etica della virtù, tipica dell'antica *areteica* greca a partire da Socrate, (non intendo Sócrates, il calciatore brasiliano, ma proprio il filosofo!), il focus si sposta sul carattere di ogni individuo (a prescindere quindi dagli atti o le conseguenze), quindi il «vincere» sarebbe definito in termini di coltivazione ed esercizio di tratti caratteriali virtuosi, ovvero equità, coraggio, determinazione, perseveranza. La vittoria sarebbe quindi la manifestazione di tratti caratteriali personali, una dimostrazione dell'eccellenza umana.

E lo stesso concetto muterebbe ancora nella filosofia orientale (taoismo, buddhismo...), dove la vittoria troverebbe la sua verità in termini di equilibrio personale (con se stessi e con gli elementi), pace interiore e armonia olistica generale. Si tratta più di allinearsi con un naturale e in qualche modo predeterminato ordine dell'universo, che del semplice fatto di prevalere. Il significato sarebbe nutrito dalla consapevolezza, al di là dei desideri materiali e senza accanirsi sui risultati.

Tutto ciò sarebbe «vincere».

Sarebbe.

Un solo vocabolo e così tante dimensioni diverse, a seconda delle culture e delle prospettive filosofiche, ma anche degli stessi gap generazionali.

Nel complesso, il significato filosofico di questo termine è sfaccettato e può essere compreso in modi diversi a seconda del proprio quadro valoriale. Può comprendere aspetti della realizzazione personale, dell'utilità sociale, dell'eccellenza morale, della realizzazione esistenziale o dell'illuminazione spirituale, tra gli altri.

Detto ciò, vincere può essere tutto questo?

O un po' di tutto questo?

O qualcosa di tutto questo?

È il momento di chiederlo a chi l'ha fatto per davvero. Più volte.

Tutte le loro straordinarie biografie sono riassunte in poche parole alla fine del libro, e anche se pochi semplici passaggi non possono rendere giustizia ai loro successi, scopriremo nei prossimi capitoli come ci sono arrivati.

Cos'è vincere?

USAIN BOLT

Vincere può significare cose diverse per persone diverse. Per alcuni, vincere è essere felici nella vita. Per altri, è raggiungere i propri obiettivi.

RONALDINHO
È la ricompensa di una vita di sacrifici, sforzi e dedizione.

PERES JEPCHIRCHIR
Vincere per me significa avere successo nella propria vita.

LANCE BRAUMAN
Dare il massimo impegno e la propria migliore prestazione nel momento più importante.

GRANT HOLLOWAY
Oltrepassare la linea per primi, ma anche riuscire in qualcosa che si vuole raggiungere, che sia un obiettivo a breve o lungo termine.

WAYDE VAN NIEKERK
Vincere è crescita. Non mi sono mai concentrato sulla vittoria nell'intero schema delle cose, ma piuttosto sulla crescita, sul momento e sull'essere la migliore versione di me stesso. E con questo ovviamente arriva il desiderio di vincere e il desiderio di migliorare. E una volta che hai assaggiato la vittoria, la vuoi sempre. Quindi il mio obiettivo è sempre stato quello di crescere, ma in seguito si è aggiunto anche quello di vincere, perché è lì che si trovava il mio standard.

NATALIA GUITLER
Vincere è sapere che c'è ancora molta strada da fare, il che ti prepara per quel momento. È sapere che dovrai

dedicarti e rinunciare a molto per raggiungere il gradino più alto del podio, ma alla fine ne varrà la pena.

RIVALDO
Vincere non è solo quando raggiungi il tuo obiettivo. A volte abbiamo bisogno di perdere per vincere.

XAVI
Quando si tratta di calcio, vincere è l'obiettivo finale per me. È il motivo per cui lavoriamo sodo ogni settimana e, alla fine, è la ricompensa per molto lavoro di squadra e sforzo.

KAKÁ
Il concetto di vincere cambia molto in ogni fase della nostra vita. Quando siamo giovani, pensiamo molto alla vittoria come al successo. Con la maturità, vincere diventa guardare indietro e vedere che hai lasciato una buona eredità in tutto ciò in cui hai messo il tuo impegno e il tuo cuore. Oggi, la famiglia che ho formato e il nostro rapporto con Dio sono il più grande senso di successo che ho.

STAN SMITH
Si tratta di ottenere il massimo dal proprio potenziale, qualunque esso sia. Non puoi fare di meglio che lanciare il cento per cento del tuo potenziale. Ho il massimo rispetto per quei giocatori che ci si avvicinano e non sono necessariamente i numeri uno al mondo. Sono giocatori che hanno un po' meno talento, ma hanno lavorato così duramente che si sono avvicinati al cento per cento del loro potenziale.

Felipe Scolari
Vincere è raggiungere l'obiettivo prefissato.

Jackie Joyner-Kersee
Vincere significa dedicare il cento per cento dell'impegno a un compito e lavorare sodo ogni giorno per ottenere i migliori risultati. Eseguire al meglio delle proprie capacità.

Ian Thorpe
Essere in grado di andarsene sapendo che non c'era nient'altro che avresti potuto fare per essere migliore in quel giorno o in quel momento.

Roberto Mancini
Vincere è tutto. È il massimo obiettivo nello sport. Si deve fare il possibile anche se a volte non ci sono i mezzi, bisogna sempre partire per vincere. Si deve fare il massimo. Poi, se alla fine non ce la fai ma hai dato tutto per cercare di arrivare alla vittoria, allora hai fatto quello che dovevi fare.

Arrigo Sacchi
Vincere è onorare le persone che hanno avuto fiducia e creduto in te. È anche importante vincere meritatamente, perché una vittoria non meritata non è una vittoria. Meritare la vittoria significa dominare il gioco e avere sempre ottimismo, perché senza ottimismo non c'è volontà di miglioramento e senza volontà di miglioramento non esiste una mentalità vincente. Se si vuole essere degli eroi, si deve dare tutto.

Sergio García Fernández
Vincere è la soddisfazione di vedere tutto il tuo duro lavoro ripagato pienamente.

Corey Seager
Vincere è semplicemente vincere. Essere al top. Arrivare in cima alla montagna.

Come abbiamo visto, tre temi principali emergono spesso nella relazione tra i grandi campioni e la vittoria nello sport:

1. Sforzo. Dedizione. Sacrificio. Tutto può essere realizzato. Devi essere pronto a dare tutto. Realizzare il massimo delle tue potenzialità.
2. Preparazione. Crescita. Il processo senza fine che ci rende sempre migliori e che realizza il nostro potenziale. Ci vogliono impegno, consistenza e perseveranza. Non c'è fine al miglioramento continuo.
3. Prestazioni eccellenti al tempo giusto. Ci sono un tempo e un luogo giusti per tutto. La migliore prestazione nella gara o nella partita più importante fa la differenza.

In base a ciò, sembra che «vincere», nella sua essenza, sia molto di più che superare gli altri.

Certo, si manifesta attraverso la misurazione del risultato, ma si realizza davvero attraverso la realizzazione costante e incessante del proprio potenziale. La perseveranza, gli sforzi e l'instancabile ricerca dell'eccellenza, rappresentano la vittoria dello spirito umano sugli ostacoli e sulle avversità. Mostra il potere della determinazione e la capacità di superare le sfide. Che si tratti di obiettivi esterni, personali o materiali.

Crediamo di lottare solo per la vittoria, ma così facendo scaviamo nel profondo delle nostre forze interiori, alla ricerca di quella determinazione e di quella resilienza che settano l'asticella delle nostre aspirazioni. O che le distruggono.

Vincere è la testimonianza del nostro coraggio, della nostra dedizione, della fiducia in noi stessi e nelle persone che, a loro volta, credono in noi.

Non si tratta solo del risultato, di classifiche o medaglie. Non è solo un traguardo. E non si tratta solo di raggiungere l'apice del successo, ma si tratta del viaggio e delle lezioni apprese, della crescita sperimentata lungo il percorso. Si tratta di fissare obiettivi ambiziosi, che ci ispirino davvero e che ci impegnino a inseguire la grandezza, anche di fronte a confini, fallimenti e battute d'arresto, per lasciare un'eredità duratura.

In questo modo impariamo che, nella ricerca della vittoria, la vera scoperta sta nella nostra forza interiore, nella nostra volontà e nel nostro potenziale sfruttato o non sfruttato. In questo viaggio alla ricerca di noi stessi, verso la crescita e la trasformazione, troviamo il nostro percorso verso l'eccellenza, ispirato dal sogno ma materializzato attraverso una passione infinita, irragionevole, e talvolta folle.

In questo percorso di scoperta esiste, nell'esperienza dei campioni, una forte consapevolezza dell'obiettivo preciso, tangibile, misurabile. Ma la passione, l'entusiasmo, la ricerca dell'eccellenza continua, smisurata e non calcolabile, portano il tutto al di là di ogni formula matematica, in un insieme di significati che rendono quel «numero 1» un universo più vasto, dove esistono dinamiche dettate dalla logica e motivazioni alimentate da emozioni più profonde a cui non si comanda, capaci di attraversare l'animo umano e sfuggire alla nostra comprensione.

I campioni si forgiano attraverso le avversità, nel duro lavoro, tramite un'intoccabile convinzione e fiducia in se stessi.

Si accendono di passione.

Determinazione.

E coraggio.

Qual è la formula del tuo successo?

«Il successo è il risultato di fare cose
che altre persone non faranno mai
per arrivare dove altre persone non arriveranno mai.»
SCONOSCIUTO

Talento naturale, allenamento, impegno costante, disciplina, forza mentale, forza fisica, determinazione, resilienza, concentrazione, credo personale, qualità del coaching, gestione del proprio corpo, apprendimento, continuo miglioramento, motivazione intrinseca, adattabilità alle circostanze... Gli atleti di maggior successo sono quelli che riescono a integrare tutti questi elementi nel proprio percorso. Tutti fattori determinanti. Ma qual è la differenza tangibile?

Allora, facciamo una valutazione matematica relativa a un percorso di crescita di un anno tra due atleti che, a parità di talento iniziale, incrementino i rispettivi rendimenti con una differenza di un solo punto percentuale al giorno.

Semplificando al massimo:

Se oggi A fa 100 flessioni, B ne fa 101, e il giorno dopo 102 e così via.

Se A fa 100 minuti di corsa, B ne fa 101, e il giorno dopo 102 eccetera.

Se A fa 100 tiri in porta, B ne fa 101...

Ogni giorno B avanza di un punto percentuale rispetto ad A, e ogni giorno aggiunge quell'un per cento in più rispetto al giorno prima.

(Vale anche per un ragazzo che nei compiti a casa esegue ogni giorno 1 equazione su 100 in più rispetto al compagno di classe... potete applicare questa logica a qualsiasi esercizio.)

E così via per ogni fattore controllabile, addestrabile o migliorabile attraverso l'allenamento e l'esercizio. In un anno questa sarà la differenza, come rappresentata nel grafico... un vantaggio di fattore 40. Ovvero 40 volte tanto!

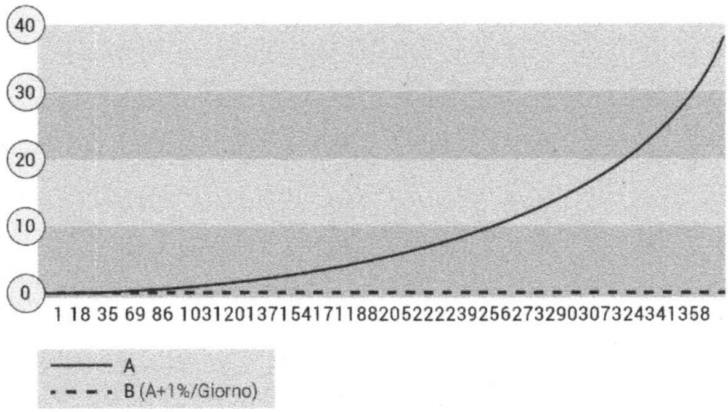

Il caso è estremo, ma guardiamo i numeri: in un confronto del genere, uno dei due atleti avrà creato le condizioni per un miglioramento quaranta volte superiore, ogni anno.

Tanta, tanta roba. Ragionando sulle chance di successo, anche in presenza dello stesso talento di partenza, la differenza è sensibile perfino in un unico anno.

Ora moltiplichiamo per una carriera di vent'anni.

Proviamo ora con un caso più «normale»: supponiamo che un atleta esegua giusto un esercizio in più di un altro, ogni giorno. Quindi, se uno fa 10 flessioni, l'altro ne fa 11. Se uno fa 10 tiri, l'altro ne fa 11. Se uno fa 10 minuti di corsa, l'altro ne fa 11. Con una differenza costante che, a differenza del caso precedente, non aumenti ogni giorno, ma rimanga costante ogni giorno.

Alla fine di un anno, una differenza giornaliera quasi impercettibile (+1 ripetizione su 10), varrà più di un mese intero di lavoro (365 ripetizioni, che diviso per la norma di 10 al giorno sono 36,5 giorni di lavoro...)! In venti anni di carriera un gap all'apparenza così minimo corrisponde a quasi due anni in più di allenamento!

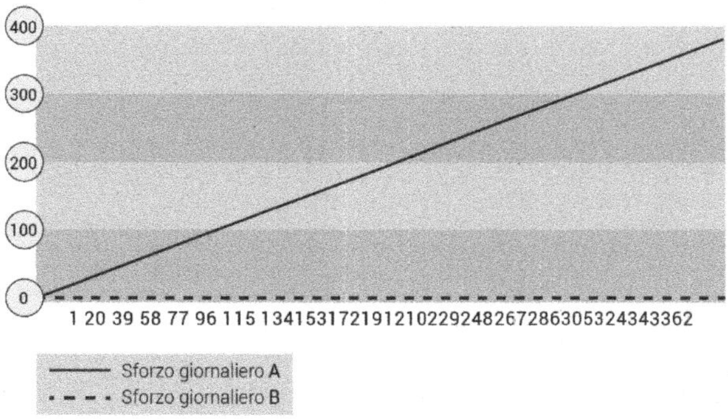

Qui è dove entrano in gioco la volontà, la dedizione e la costanza: un piccolo sforzo in più ogni singolo giorno fa la differenza. Qualcosa che nello specifico del momento è quasi insignificante, ma che poi diventa un gap incolmabile o un vantaggio irraggiungibile a distanza di un solo anno. Figuriamoci dopo venti.

Questo dice la matematica.

Non si discute. È così.

A volte mi chiedono: «Ma come fai a scrivere libri con tutti gli impegni che hai ogni giorno?». Be', ipotizziamo che io scriva mezza pagina al giorno, ogni giorno, e impieghi una ventina di minuti.

Possibile. Non sembra un grande sforzo.

Dopo un anno, verrà fuori un libro di 180 pagine, incluse le copertine!

Quel poco.

Molto poco.

Costante.

Ogni volta.

La somma farà il totale.

Ma questo tema legato alla determinazione, alla costanza, agli incrementi marginali ogni giorno che a distanza di mesi e di anni determinano gap o vantaggi incolmabili, è solo un aspetto del gioco.

È solo uno dei fattori per far sì che il talento potenziale produca risultati di successo.

Un fattore della formula.

USAIN BOLT

La mia formula del successo è la combinazione di talento, duro lavoro, disciplina. Sono nato con il talento di correre veloce. Ho avuto un grande successo fin da piccolo senza troppo allenamento. Quando sono arrivato ai livelli professionistici mi sono reso conto che tutti avevano talento; quindi, il duro lavoro è diventato necessario per arrivare in cima. Per essere grande devi avere concentrazione e disciplina.

ALESSANDRO DEL PIERO

Varia da individuo a individuo. Per me, è una combinazione di dedizione, capacità di imparare dai fallimenti e miglioramento continuo. In tre parole: perseveranza, apprendimento, miglioramento.

RONALDINHO
Perseveranza, umiltà, divertimento.

PERES JEPCHIRCHIR
Lavorare duramente, avere pazienza e mai paura.

LANCE BRAUMAN
La formula del mio successo, come coach, è presentarmi al lavoro ogni giorno e dare il cento per cento di impegno. In tre parole: disciplina, responsabilità e carattere.

NOAH LYLES
Lavoro di squadra, ambizione, volontà di imparare.

GRANT HOLLOWAY
L'allenamento rende le cose permanenti, e le cose permanenti diventano Storia. Raggiungendo il proprio obiettivo con consistenza ogni volta che si entra in pista, allora si riesce a dare longevità e permanenza ai propri successi.

WAYDE VAN NIEKERK
Costanza, sacrificio e duro lavoro.

ALEIA HOBBS
Pazienza, dedizione e fede.

NATALIA GUITLER
Dedizione, perseveranza, resilienza.

RIVALDO
Tenacia e voglia di vincere. In tre parole: determinazione, dedizione e disciplina.

SHAUNAE MILLER-UIBO
Fede, amore e duro lavoro. Penso che sia importante amare prima di tutto ciò che si fa. Quando ami il tuo lavoro sembra meno faticoso, e quindi impegnarsi duramente diventa anche divertimento. Ciò che rende tutto molto migliore è la mia fede in Dio, sapendo che è stato Lui a fornirmi questo talento e che sarà con me in ogni fase del cammino.

XAVI
Lavoro, perseveranza e non smettere mai di credere in se stessi.

KAKÁ
Concentrazione: ho sempre cercato di concentrarmi su ogni obiettivo che avevo senza distrazioni. Dedizione: mi sono sempre dedicato a tutto ciò che per me era importante. Sia nella mia carriera che nella mia famiglia. Fede: senza fede e senza l'unione con Dio, nulla nella mia vita avrebbe senso.

STAN SMITH
Si inizia con il talento. Serve una dose di talento molto alta per essere ai massimi livelli, e un buon coaching è importante per dare continuità alla tecnica e al tipo di gioco, creando una buona base da cui partire. Poi è determinante allenarsi con uno scopo preciso. Se vuoi

davvero diventare bravo in tempi rapidi, allora ogni volta che colpisci la palla dovresti avere un obiettivo in mente. Ogni singola volta. Dove indirizzare la palla, il ritmo con cui si colpisce, e poi lo spin. Infine, è indispensabile anche avere un buon atteggiamento nei confronti del tuo percorso, rimanendo sempre positivo: potresti essere un ottimo giocatore, anche un professionista, e non vincere un torneo. Si perde ogni settimana. E quindi devi avere una buona prospettiva di ciò che significa. In tre parole: talento, impegno e prospettiva.

Felipe Scolari
Disciplina, dedizione e unità di squadra.

Jackie Joyner-Kersee
Non esiste una formula unica. Sicuramente richiede impegno, duro lavoro, un atteggiamento determinato e la capacità di non rinunciare e pretendere il massimo da se stessi sia mentalmente sia fisicamente.

Ian Thorpe
Essere sempre se stessi come persona e aspirare sempre a essere migliori. Aspirazione, ispirazione e integrità.

Roberto Mancini
L'impegno, la perseveranza e la volontà di farcela andando a realizzare anche imprese considerate impossibili.

Arrigo Sacchi
Bisogna prima di tutto amare moltissimo quello che si fa. Ci vuole passione. Si deve accettare una sola certez-

za: ed è che si può sempre fare di più e che si può sempre migliorare. E non bisogna tradire mai le persone che hanno creduto in te.
Io ho sempre cercato giocatori umili, affidabili, intelligenti, educati. Persone, prima di giocatori, che mettessero sempre il club prima della squadra e la squadra prima del singolo. Che amassero quello che stavano facendo e che avessero sempre una grandissima volontà di migliorarsi continuamente. Che non si sentissero arrivati e che non fossero solisti o individualisti.

SERGIO GARCÍA FERNÁNDEZ
Talento. Duro Lavoro. E fiducia in se stessi.

COREY SEAGER
Dedizione, preparazione, esecuzione.

Formuliamo, dunque.

Talento + Passione e Credo + Lavoro duro, disciplinato, costante + Mentalità vincente + Miglioramento continuo = Successo sportivo.

Il talento è un punto di partenza, mai un punto di arrivo. Può essere decisivo, specialmente all'inizio, ma non è mai sufficiente nel lungo termine, quando ci si confronta con tanti avversari dalla predisposizione analoga. Il talento puro, se non associato ad altri fattori, non è dunque garanzia di successo. Si è visto in tantissimi giovani di grandissime prospettive, mai arrivati al successo per via della carenza di volontà, di mancanza di dedizione, disciplina e umiltà, tutti fattori di un'equazione che non può essere smembrata in parti nella speranza di ottenere lo stesso risultato.

La passione e la gioia nel fare quello che si fa, associate anche a un forte credo, animano il talento, gli danno forma e longevità. Il credo può essere religioso, o puramente personale. Talento e DNA danno origine a un razzo tecnicamente perfetto, e se questo viene alimentato col carburante di ultima generazione della passione e della fiducia in noi stessi, raggiungerà velocità supersoniche. Andrà lontano, fino ad avvicinarsi alle stelle... se non esplodono.

Sì, perché di soli talento e passione si può esplodere, o bruciare molto in fretta.

Quindi subentra un costante lavoro, disciplinato, in modo da affinare di continuo la tecnica, rinforzare il corpo, ripulire la mente per essere sempre al massimo. Quando guidi a 300 chilometri orari oppure corri i 100 metri in meno di 10 secondi, bruci in un istante il lavoro di mesi. Con un singolo calcio si può decidere una stagione, quindi il margine di errore è piccolissimo. Un centimetro o un secondo, o entrambi, possono fare la differenza tra la vittoria e la sconfitta. Per te, ma anche per tutta la tua squadra.

Roba forte, eh?

Talenti unici, animati da una grande passione, devono comunque lavorare duramente alla ricerca dell'eccellenza, per poi giocarsela in un centimetro o per un secondo.

Per eccellere serve un atteggiamento mentale orientato a superare qualsiasi sfida, in qualsiasi circostanza o condizione, nonostante qualsiasi ostacolo, per raggiungere i propri obiettivi… e senza alcuna scusa. È un insieme di convinzioni, atteggiamenti e comportamenti che spingono una persona a dare il massimo, mantenendo la fiducia e la determinazione anche nelle situazioni più difficili.

Non è solo la determinazione del momento a fare la differenza, bensì un atteggiamento sostenuto dall'umiltà nel non sentirsi mai «arrivati», ma sempre in un continuo processo di miglioramento. I grandi campioni pensano sempre a migliorarsi.

Ogni istante.

Ogni giorno.

Non esiste 9am-6pm o cinque giorni su sette per migliorarsi.

Non c'è smart working o short week.

L'eccellenza non ha orario.

Non si accende e non si spegne, non ha né interruttore né timer.

Non si clicca. Non esiste un touch screen.

È una scelta legata alle aspettative verso se stessi, agli standard di qualità delle proprie azioni, e che si riflette sulle aspettative che abbiamo verso il mondo circostante.

Non è figlia di un momento, è un modo di pensare.

Di agire.

E di vivere.

Quali sono stati i tuoi sacrifici maggiori?
Cambieresti qualcosa se ricominciassi ora?
Hai dei rimpianti?

«Se non si è disposti a scarificare l'usuale,
ci si dovrà accontentare dell'ordinario.»
JIM ROHN

«Lavorare duro per qualcosa che non piace,
si chiama stress.
Lavorare duro per qualcosa che si ama,
si chiama passione.»
SCONOSCIUTO

Ricominciare da capo dopo una carriera di successo suona come una punizione. Ma per una persona comune, non è altro che una nuova chance di affrontare il passato con gli insegnamenti estratti dal futuro. Come tornare al via ma con in tasca tante carte in più da giocare.

Come fare un compito in classe già risolto.

O rigiocare una partita già vista.

Eppure, a seguito di una storia di successo, come si può pensare di cambiare i fattori di una formula perfetta? E poi, si sa, squadra che vince non si cambia.

Ma ogni storia si lascia dietro una serie di sacrifici, compromessi e talvolta rimorsi. Le vittorie sono spesso figlie di scelte anche dolorose nel contesto e nel tempo esatto in cui sono state prese. È così è stato per tutte le leggende dello sport. Come per noi comuni mortali.

Quanto vale il desiderio futuro, rispetto al piacere del presente?

Quanto si è disposti a perdere, per rischiare il valore della propria ambizione?

E quali cicatrici da sanare si celano dietro alle nostre scelte?

Usain Bolt
Non credo che farei molto diversamente. Ho avuto una buona carriera, ma guardandomi indietro mi sarebbe piaciuto correre i 200 metri sotto i 19 secondi, il che era molto realizzabile se avessi dato la priorità; così sarebbe stato fuori dalla portata della prossima generazione di atleti. Nel corso della mia carriera ho sempre cercato di mantenere un buon equilibrio tra lavoro e divertimento. Per me è sempre stato importante divertirmi e mi sono comportato meglio quando lo facevo. Certo, ci sono stati sacrifici, ma guardando indietro non sono stati tali da pesare su di me.

Alessandro Del Piero
I sacrifici più grandi hanno riguardato il tempo personale, le relazioni con gli altri e talvolta la salute. Bilanciare le ambizioni di carriera con la vita privata è stato l'aspetto più impegnativo.
Se dovessi ricominciare il mio viaggio, mi concentrerei di più sulla salute mentale, cercherei prima qualcuno che possa farmi da mentore durante il percorso, e decisamente bilancerei di più e in modo più efficace il lavoro e la vita personale.
Ci sono state occasioni mancate, ma provo a imparare da esse piuttosto che pentirmi. Ognuna è stata una lezione su come prendere decisioni migliori in futuro.

Ronaldinho
Le dure giornate di allenamento fin dai primi anni della mia vita e i sacrifici legati al dover essere lontano dai miei amici e familiari per tempi lunghi hanno pesato.

Anche se il calcio è sempre gioia e positività. È difficile dirlo, ma non credo che farei nulla di diverso. Nella nostra vita ci saranno sempre fallimenti e successi. Sono grato e felice di tutto ciò che ho raggiunto. Non ho garanzie che se avessi fatto qualcosa di diverso avrei potuto ottenere di più. La vita è fatta di scelte, alcune giuste e altre sbagliate. Se ci guardiamo indietro, troveremo sempre cose che avrebbero potuto essere fatte meglio o diversamente, ma nulla che causi alcun tipo di rimpianto.

PERES JEPCHIRCHIR
Io mi sacrifico lavorando ancora più sodo in allenamento. Questo è il motivo che mi ha portato a quello che ho raggiunto nella mia vita. Il mio rimpianto più grande sono le Olimpiadi del 2024 a Parigi. Non mi aspettavo di arrivare quindicesima, perché mi ero preparata bene e mi aspettavo di correre altrettanto bene. Mi dispiace come sia andata per via di una malattia da cui stavo recuperando; non sono riuscita a ripetere la medaglia d'oro conquistata alle Olimpiadi precedenti.

LANCE BRAUMAN
Il sacrificio più grande per me è stata la quantità di tempo che ho dovuto e devo tuttora trascorrere lontano dai miei familiari e quindi l'impatto sulla mia vita privata. La loro comprensione e accettazione mi spingono ancora di più a cercare di avere successo. Se ricominciassi il mio viaggio ora, onestamente non cambierei molto. Tutte le mie esperienze mi hanno plasmato nell'allenatore che sono oggi.

Noah Lyles
I sacrifici sono stati tanti, e i sacrifici sono tutto nel nostro lavoro. Se vuoi sinceramente essere il migliore servono tanta dedizione, concentrazione e abitudini sane. Ho un programma stabilito per tutto, e sono intenzionato a evitare cattive abitudini. Alla fine, diventa normale dire no a feste, matrimoni, vacanze, ritrovi con amici, se in ballo c'è la preparazione di una gara importante. Quasi non ti viene più in mente perché lo fai da così tanto tempo, ma quando devi rinunciare al matrimonio del tuo migliore amico allora diventano sacrifici importanti.
Non cambierei nulla in questo momento e non credo di aver commesso errori gravi. Qualsiasi infortunio che ho avuto è stato molto breve e non è stato possibile evitarlo perché non sapevamo cosa sarebbe successo. E poi ci siamo ritirati in ogni gara in cui, col team, pensavamo che mi sarei infortunato. E abbiamo avuto molto successo: abbiamo ottenuto una medaglia in ogni campionato importante a cui ho partecipato, quindi non credo che cambierei nulla.

Grant Holloway
Escludermi dal gruppo di amici è stato un sacrificio importante per me. Loro uscivano, si divertivano, festeggiavano. Io invece da solo ho sempre cercato lo spazio per concentrarmi sul mio sogno di diventare un atleta olimpico. Però non cambierei nulla, le vittorie, le sconfitte che ho avuto o i sacrifici che ho dovuto fare, sono quelli che mi hanno reso quello che sono oggi, e non cambierei per niente il mio percorso.

WAYDE VAN NIEKERK
Penso che la maggior parte dei sacrifici siano stati abbastanza appaganti e gratificanti nel prosieguo della vita. Sicuramente viaggiare lontano dai miei amici e dalla mia famiglia è sempre stato molto impegnativo e difficile. Ma vedere come ho potuto rendere tutti orgogliosi, il contributo che ho dato per aiutarci a vivere una vita migliore e i traguardi raggiunti alla fine mi gratifica molto. Quindi tutti i sacrifici sono stati ripagati.
Il mio più grande rimpianto è stato decisamente l'infortunio nel 2017 (si è procurato la rottura del legamento crociato giocando a rugby con amici e familiari, *N.d.A.*). Dal 2018 a oggi avrei potuto puntare a tantissime soddisfazioni e vittorie, opportunità in cui avrei potuto sfidare me stesso al meglio. Avrei potuto esplorare e trovare il meglio di me e raccogliere il massimo possibile dal mio sport. Ma a causa di una scelta sbagliata, che mi ha causato quel brutto infortunio, è cambiato tutto il mio percorso, che si è trasformato in un continuo recupero, nella lotta per tornare al massimo e diventare più forte.

ALEIA HOBBS
Ho dovuto fare molti sacrifici. Corro in pista da quando avevo otto anni, e probabilmente tutte le persone normali hanno avuto modo di fare tante cose diverse, feste, vacanze, gite. Io invece con le gare e gli allenamenti ho dovuto sacrificare molte di queste cose con i miei amici per concentrarmi davvero sulla pista, ma penso che ne sia valsa la pena.
Probabilmente qualcosa a cui avrei dato più valore e attenzione è la mia salute, e la prevenzione degli infortuni.

Natalia Guitler
Ricordo che all'età di sedici anni ho dovuto scegliere tra diventare un tennista professionista o studiare. Ho deciso di intraprendere la carriera tennistica in Argentina, il che mi ha fatto rinunciare a tutto ciò che avevo in Brasile (famiglia e amici) per inseguire il mio sogno. Senza dubbio, è stato uno dei momenti più impegnativi che abbia mai vissuto, e un sacrificio molto importante. Se tornassi indietro sicuramente lavorerei di più sull'aspetto psicologico. Allenerei e rafforzerei meglio la mia mente per tutte le situazioni che si presentano a un atleta.
Il mio rimpianto maggiore è stato quando a sedici anni ho dovuto decidere se giocare e studiare negli Stati Uniti o intraprendere una carriera professionale. Forse oggi avrei scelto diversamente, cioè andare negli Stati Uniti per studiare, giocare e tentare una carriera professionale iniziando da lì.

Rivaldo
Stare lontano da mia madre è stato sicuramente il sacrificio più grande. Lasciare il luogo in cui sono nato per andare in uno sconosciuto è stato davvero molto difficile.
Guardandomi indietro non farei nulla di diverso. Continuerei con lo stesso obiettivo. Tutto richiede sacrificio per ottenere risultati importanti e per ottenere il successo.
Non credo di aver perso alcuna occasione o di avere rimpianti specifici. Ho approfittato di ogni occasione e ho fatto del mio meglio.

SHAUNAE MILLER-UIBO
Credo che fare sacrifici renda il successo molto più dolce. Ti fa diventare più radicato e più disciplinato, non solo nello sport: ti permette anche di essere in grado di ottenere qualcosa di più importante nella vita.
Non cambierei nulla. Nel corso della mia carriera, ho avuto così tante battute d'arresto che si sono trasformate in esperienze di apprendimento, e senza di esse non sarei mai diventato la persona e l'atleta che sono oggi.

XAVI
Forse il sacrificio più grande è stato che, per raggiungere i miei obiettivi di atleta d'élite, ho perso un po' della mia giovinezza non potendo fare le cose che facevano i miei amici o le persone della mia età perché dovevo prendermi cura di me stesso e condurre una vita disciplinata. Ma alla fine, quando mi guardo indietro e faccio il punto della situazione, credo che ciò che ho realizzato superi di gran lunga ciò a cui ho dovuto rinunciare. Come ho sempre detto, ho avuto una carriera che non avrei potuto immaginare nemmeno nei miei sogni, quindi non credo che cambierei nulla. Non ho rimpianti.

KAKÁ
La carriera di un atleta professionista è fatta di sacrifici dall'inizio alla fine, e anche dopo aver lasciato il campo. Se vuoi avere qualche possibilità di arrivare in cima, la dedizione deve essere estrema. Ho fatto molti sacrifici fisici, psicologici e anche familiari per arrivare dove sono arrivato. Il peso arriva con l'enorme responsabilità di essere al top: tantissimi tifosi e molte persone, fami-

liari, amici, iniziano a contare su di te. Questo è forse il peso più grande che incontriamo.
Essendo sempre stato molto concentrato e dedito a tutti gli obiettivi che avevo, non mi pento di molte cose. Non siamo esseri perfetti e anche se potessi ricominciare qualcosa da capo, avrei sicuramente anche i miei difetti e questo è normale. Penso che una cosa che farei iniziando a giocare oggi sia avere un fisioterapista personale che possa accompagnarmi. Ma non c'è nulla di cui mi pento. A volte penso a come sarebbe stato facendo scelte diverse, è normale. Nella vita non puoi seguire tutte le opportunità che hai. Naturalmente ho fatto scelte che mi hanno aperto la strada e mi hanno automaticamente distolto da altri percorsi che avrei potuto seguire.

STAN SMITH
Non sono stato in grado di fare altre attività o altri sport che mi sarebbero piaciuti, come il basket al liceo. Ci ho rinunciato durante la stagione nel mio ultimo anno. È stato un sacrificio abbastanza grande. Mi sarebbe piaciuto giocare con la nostra squadra di basket al liceo perché avevamo un ottimo gruppo, e visto che siamo arrivati alle semifinali del nostro torneo della California del Sud, sarebbe stato divertente farne parte.
Poi ho sacrificato le feste e le attività sociali al liceo, non facevo molte di queste cose. E anche al college mi allenavo o giocavo partite o tornei quasi continuamente.
Ma guardando indietro, sono stato davvero benedetto dagli eventi della mia vita, a parte un infortunio al gomito che mi pento davvero di non aver risolto prima.

Forse avrei dovuto fermarmi per un po' e lasciarlo guarire, ma ho continuato a giocarci e alla fine ho subito un intervento chirurgico un paio di anni dopo. Se dovessi giocare oggi, avrei un allenatore e un preparatore fisico, che lavorerebbe con me su base giornaliera per aiutare a prevenire gli infortuni e poi prendere decisioni su questi aspetti in maniera preventiva.

FELIPE SCOLARI
Nella carriera di chi lavora nel calcio, il sacrificio più grande è stare lontano dalla famiglia in date importanti e commemorative. Non stare con i tuoi figli e monitorare la loro crescita è decisamente molto difficile da affrontare. Non farei comunque niente di diverso. Ho studiato, mi sono applicato, ho commesso errori, ho imparato e ho ottenuto risultati.
Ricordo che prima dell'inizio della Coppa del mondo 2006 in Germania (all'epoca ero l'allenatore del Portogallo) ho ricevuto l'invito a prendere in mano la squadra inglese. Volevano fissare un incontro per definire il contratto in anticipo. Io dissi no, che l'avrei discusso solo dopo la Coppa del mondo, perché non sarebbe stato etico e corretto da parte mia, e le conversazioni si chiusero lì. Non mi cercarono più. Ma non me ne pento. Ho fatto la cosa giusta.

IAN THORPE
Ho rinunciato a molto della mia infanzia. I miei amici facevano cose diverse e io mi allenavo trenta-quaranta ore a settimana, ma l'ho scelto io e il rovescio della medaglia è stato quello che ho guadagnato in confronto.

Ho avuto una vita straordinaria che continuo a vivere fino a oggi e che stavo vivendo anche in quel momento. Non so se cambierei granché, in realtà sono molto contento del successo che ho avuto, ma anche delle esperienze che mi hanno portato a essere la persona che sono oggi. Non ho rimpianti. Forse l'unica occasione persa risale a quando mi è capitato di poter battere un record mondiale nel 2002, nei 400 metri stile libero. È stata una gara in cui non ho nuotato a tutta velocità, ma non avevo idea di essere così vicino al record. Avrei potuto nuotare ancora più veloce.

ROBERTO MANCINI
I sacrifici sono stati tanti: ho lasciato casa che non avevo ancora quattordici anni. Ho lasciato la mia famiglia, i miei amici. Questo ha cambiato la mia infanzia, ho dovuto crescere molto in fretta. Quindi i sacrifici sono stati enormi, ma sono anche stati ripagati. Rifarei tutto. Ai miei tempi era molto diverso; a volte quando si è giovani non si fanno sempre le scelte giuste o non si mette nelle cose l'impegno che si dovrebbe mettere. Sì, quando ero più giovane avrei potuto impegnarmi di più.
Credo che tutti nella vita abbiano delle opportunità o degli appuntamenti mancati. Però penso che faccia parte un po' del gioco e della vita. Quando devi fare delle scelte a volte le fai giuste, a volte le fai sbagliate.

ARRIGO SACCHI
Il poco tempo dedicato alla famiglia è stato il sacrificio maggiore. Ho vissuto il calcio in maniera totale. Non potevo chiedere ai giocatori di dare il massimo e dare

tutto se io per primo non lo davo. Per me il calcio è come un film, non si può improvvisare, è tutto scritto. Perfino Brad Pitt segue un copione preciso. Servono grande preparazione, lavoro, studio. E lo si vive tutti insieme, si attacca in undici e si difende in undici, se si lavora tutti uniti.

SERGIO GARCÍA FERNÁNDEZ
Il sacrificio più grosso è stato quello di non riuscire a dedicare il giusto tempo alla famiglia e agli amici, dovendo viaggiare così tanto.
Noi cambierei niente perché tutte le esperienze che ho fatto mi hanno aiutato a imparare e crescere sia come giocatore sia come uomo.

Sacrifici e rimpianti, se gestiti bene e con la giusta prospettiva di ottimismo e positività, sono parte integrante di ogni processo di crescita e di realizzazione personale. Tipicamente ogni sacrificio implica la rinuncia a una gratificazione personale immediata, a favore di un risultato più importante, a lungo termine.

Quindi si riduce tutto a una questione di priorità e di prospettiva. Specie per i giovani, ma in generale per chiunque sia molto sensibile alla temporaneità delle cose, al «tutto e subito» o al «*carpe diem*», è molto difficile che un obiettivo intangibile, incerto e futuro possa prevalere su una scelta gratificante, immediata. È proprio qui che subentrano le motivazioni, le aspirazioni e le priorità, nonché un credo personale molto forte.

Non è un fatto di giusto o sbagliato, ma di preferenza e attitudine sul breve *vs* il lungo termine, sul tangibile *vs* intangibile, sul concreto *vs* il sogno. E le due cose talvolta non sono mutualmente esclusive, ma col tempo lo possono diventare. Inoltre non si può sacrificare tutto, ma non è neanche ragionevole o plausibile non sacrificare niente al fine di ottenere risultati migliori.

Come decidere, dunque?

Cosa siamo disposti a sacrificare di sicuro, ora, per una aspettativa non sicura, domani?

Quando la matematica o la statistica non indicano una vera soluzione all'equazione sacrifici *vs* opportunità di successo, sembra di trovarsi di fronte a un salto della fede.

Non si può calcolare la possibilità statistica di successo di un atleta in funzione di quante feste perderà al liceo... anche se il buon senso direbbe che conservare le proprie energie per l'allenamento e la gara renda quantomeno più probabile allenarsi meglio o giocare meglio.

Quindi interviene la filosofia, come attitudine a dare un significato più profondo a quello che facciamo (invece di farlo e basta), che si unisce alla speranza, concetto più simile alla fede, come quando ci si comporta bene in vita per aspirare a un paradiso che nessuno ha mai visto.

Che casino, eh?

Pare tutto molto complicato.

Ma alla fine, quanto è importante questa festa rispetto al risultato nella competizione del giorno dopo?

Quanto siamo consapevoli di noi stessi, delle nostre priorità, dei nostri obiettivi?

E dei nostri sogni?

Che valore ha il sogno?

Vogliamo abbandonare un sogno, magari assai improbabile da realizzare, per una festa in più, sicura, adesso?

E stiamo parlando di feste, ma c'è anche il tempo prezioso per la famiglia o con la famiglia. Lasciare la propria città e i propri affetti ce ne sottrae un bel po'.

Cosa siamo disposti a sacrificare, allora?

La risposta non può essere «niente», perché allora «niente» sarà il valore dei nostri obiettivi. Se la risposta è «tutto», allora il sogno vale veramente tutto per noi.

Il problema sta nel mezzo, dato che non esistono leggi matematiche per quantificare il valore del sogno rispetto al peso del sacrificio.

Non c'è calcolo delle probabilità che ci dia un riscontro più o meno ragionevole.

La consapevolezza di queste decisioni viene solo da dentro.

Si sente. O non si sente.

Se nella strada verso il successo niente vale niente, dunque tutto ha un prezzo, non c'è nulla di certo e nulla si ottiene per diritto; in un mondo in cui «*greatness takes... everything*» (come recita lo splendido slogan celebrativo in occasione del ritiro di Nadal), quanto siamo disposti a perdere di sicuro per sperare di vincere senza alcuna certezza?

L'unica certezza è data dall'importanza e dal valore dei propri desideri, insieme alla forza della propria volontà.

E l'attitudine ad aspirare oltre ogni aspettativa.

A credere oltre ogni probabilità, oltre ogni dubbio.

A volere oltre ogni ragione.

Chi ha influenzato di più la tua carriera e il tuo successo?

«Le persone che influenzano il nostro cammino sono quelle che ci spingono a vedere oltre i nostri limiti e a credere nei nostri sogni.»
SCONOSCIUTO

Essere seguiti da un mentore, anche per un campione a livello mondiale, non è un optional. Trovare un supporto nell'ispirazione, nella crescita, nella valutazione delle sfide e delle opportunità può fare una grande differenza, specialmente nei momenti più delicati in cui tutti siamo più fragili di fronte a un mondo sempre più competitivo, che non lascia spazio alla fortuna del momento.

Poter contare su una bussola, che con oggettività e il giusto distacco ti orienta verso una certa direzione, può aiutare ad acquisire fiducia, a gestire le incertezze, a trovare forza interiore, motivazione e incoraggiamento per superare con determinazione le fasi più critiche.

All'inizio della carriera, le fonti di ispirazione, supporto e motivazione più determinanti sono rappresentate dalla famiglia e dai primi allenatori, ma col tempo si forma una squadra più definita ed estesa, formata da tante altre persone che possono incidere sulle scelte e fornire un supporto più ampio.

Molti campioni hanno trovato nei genitori, o in uno

dei due, il motore capace di spingere, guidare o ispirare l'inizio del percorso. Esiste sempre un «*Primus movens*», qualcuno che abbia intravisto il talento, l'abbia supportato, protetto e sviluppato fin dai primi giorni. Questo è sicuro. Direi matematico.

Molti altri forse non hanno mai potuto fare affidamento sullo stesso supporto, e questo potrebbe essere stato decisivo nel percorso e nel risultato finale. Forse non lo sapremo mai.

Ma chi ha intravisto il talento e le abilità prima di chiunque altro?

Chi ha dato coraggio nell'affrontare le debolezze comuni a tutti, anche ai grandi campioni (quando ancora erano agli esordi)?

Chi ha trovato speranza nella difficoltà e ha trasformato il dubbio in energia di crescita?

USAIN BOLT

Penso che sia importante che la motivazione venga da dentro, ma è sempre bene avere una buona squadra dietro di te. Do molto credito al mio allenatore Glen Mills per il mio successo in pista, perché ha trovato un modo per farmi allenare duramente senza infortuni. È stata la chiave del mio successo.

RONALDINHO

Mio fratello Roberto. Fin da piccolo si è assunto la responsabilità di proteggermi, rinunciando a tante cose nella sua vita personale e professionale affinché potessi diventare quello che sono.

Peres Jepchirchir
Mio fratello è la persona che mi ha supportato e incoraggiato, ed è stata una figura importante nel mio percorso verso il successo.

Lance Brauman
Il mio amore per questo sport è iniziato in giovane età grazie a mio padre (che è anche un allenatore di atletica). Tuttavia, voler vedere i miei atleti raggiungere il loro massimo livello è ciò che mi guida e che mi spinge a cercare di essere la migliore versione possibile di me stesso.

Noah Lyles
Mia madre ha avuto un ruolo fondamentale nel mio successo. Tutta la mia famiglia, fratello, sorella, mamma, papà, mi hanno trasmesso un buon gene. Poi il mio team è determinante in tutto. Il mio agente, il chiropratico, il massaggiatore, il terapista... una squadra che mi tiene responsabile e che mi permette di avere un atterraggio morbido in ogni circostanza.
Mia madre ha probabilmente avuto il maggiore impatto sulla mia carriera sportiva, ma entrambi i miei genitori hanno avuto un grande impatto.
Mio padre è stato il mio primo allenatore e ci ha introdotti all'atletica leggera, ai Campionati del mondo e alle Olimpiadi e ci ha entusiasmati all'idea di esibirci, guardare i dati e conoscere la storia di questo sport. Mia madre mi ha mostrato come prendere il tuo sogno e trasformarlo in realtà, assicurandoti di mantenere le persone giuste intorno a te per continuare a crescere.

GRANT HOLLOWAY
Ho sempre cercato di guidare la mia vita stando al timone, tentando sempre di raggiungere i miei obiettivi. Ho una famiglia meravigliosa che mi supporta in tutto e un team che mi consente di allenarmi e migliorarmi continuamente.

ALEIA HOBBS
La mia famiglia e i miei allenatori. La mia famiglia, dal punto di vista motivazionale. Mio padre ha influenzato fortemente la mia mentalità nell'agire e mia madre nel bilanciare la mia vita. Il mio allenatore ovviamente mi ha fatta progredire, guidandomi in quello che era necessario fare per crescere nella mia disciplina.

NATALIA GUITLER
Mio padre è sempre stato molto influente affinché io diventassi una tennista e fin da giovanissima ho iniziato a giocare a racquetball e poi a tennis. Ho tre fratelli maggiori che hanno sempre giocato a calcio e mi hanno coinvolta fin da quando ero molto giovane; quindi, sono stati tutti molto responsabili della mia carriera di atleta.

RIVALDO
La mia famiglia è sempre stata la base per tutto quello che ho fatto nella mia vita.

SHAUNAE MILLER-UIBO
Ci sono molte persone della mia vita che ringrazio per avermi aiutata lungo la strada verso il mio successo, ma mia madre e mio padre sono sempre stati in cima a

quella lista. Hanno fatto molti sacrifici per me fin dall'inizio per permettermi di fare ciò che amo. Mi hanno motivata e ispirata ogni giorno a essere il meglio che potessi. E sarò per sempre grata perché sono stata benedetta da due genitori che hanno creduto nel mio sogno e volevano vedermi avere successo.
I miei genitori, mio marito, la mia famiglia, tutti hanno avuto un ruolo significativo nella mia carriera. Aiutare le persone al tuo fianco, non importa se le cose vanno bene o meno, è davvero importante per me. Aiuto persone su cui posso sempre contare e che so che hanno a cuore i miei migliori interessi e vogliono vedermi avere successo. Quindi sono una componente enorme della mia spinta e parte del motivo per cui sono stata in grado di avere così tanto successo nella mia carriera.

XAVI

In ordine di apparizione nella mia vita, direi che le tre persone che hanno influenzato di più la mia carriera sono state mio padre Joaquim, perché fin da giovanissimo ha saputo guidarmi nella vita e nel calcio; Joan Vilá, il primo ad aiutarmi a capire il gioco; e Luis Aragonés, che è stato forse il primo allenatore a darmi tutta la fiducia necessaria per tirare fuori il meglio di me stesso.

KAKÁ

Il mio grande esempio è sempre stato mio padre, per l'integrità che ha sempre avuto, per la sua calma nel prendere decisioni, per il suo rispetto per gli altri, per la formazione e per avermi sempre tenuto in contatto con la realtà anche quando ero al culmine.

Stan Smith
Posso indicare un certo numero di persone. Sicuramente i miei genitori avevano belle prospettive su di me, ma non erano quei genitori che stanno con te tutto il tempo. Comunque mi hanno sempre sostenuto in tutte le mie scelte, dandomi il massimo del supporto quando sono diventato un professionista. Anche i miei fratelli mi hanno sempre incoraggiato e questo mi ha trasmesso fiducia in me stesso. Poi una persona che ha fatto davvero una grande differenza è stato Pancho Segura: uno dei migliori allenatori di sempre, ai massimi livelli. Ha lavorato con Connors e Chang e altri giocatori, e mi ha aiutato nel lato mentale del gioco. Poi George Toley, il mio allenatore al college, e Dennis Ralston.

Felipe Scolari
Quando iniziamo la nostra carriera, abbiamo sempre bisogno di un maestro che ci guidi e ci insegni. Come atleta, ne ho avuto uno a Caxias do Rio Grande do Sul, Carlos Froner, che mi ha mostrato l'importanza della disciplina, della dedizione e della competenza nel gestire un gruppo.

Roberto Mancini
La mia carriera è stata influenzata da mio padre, che fin da quando ero bambino ci credeva moltissimo. Ha sempre pensato che potessi diventare un calciatore. Mi ha portato lui di nascosto a Bologna quando avevo tredici anni, e neanche a quattordici mi sono trasferito da Jesi a Bologna. E poi ci sono stati i vari allenatori che ho

avuto e le esperienze fatte, che mi hanno formato durante tutto il mio percorso.

ARRIGO SACCHI

Alfredo Belletti, il bibliotecario di Fusignano, un paesino di ottomila abitanti dove vivevo da bambino. Fu lui che mi introdusse nel calcio. Quando avevo diciannove anni, feci due partite in quarta serie e poi Pivatelli smise di farmi giocare. Allora decisi di andare a lavorare in fabbrica e rimasi fermo per sette anni. Poi Alfredo, che era anche maestro di italiano e latino, mi chiese di andare a giocare in seconda categoria. Giocai quell'anno e ci salvammo. Ma per il mal di schiena dissi ad Alfredo a fine stagione che avrei smesso. A quel punto lui mi rispose: «Be', allora puoi allenare». Mi disse anche che avrei potuto costruire il successo con idee e lavoro. E dato che non ero sicuro delle idee... ma del lavoro sì, quello sapevo cos'era, misi la squadra a fare allenamento tutte le sere per un mese. La prima partita battemmo 2-0 la favorita del campionato. Da lì è cominciato il mio percorso. Fu comunque un evento raro perché le mie partenze sono sempre state complicate, anche se non sono mai stato esonerato.

SERGIO GARCÍA FERNÁNDEZ

I miei genitori, e specialmente mio padre che mi ha insegnato per primo a giocare a golf.

COREY SEAGER

Mia moglie Mady. È rimasta al mio fianco nei momenti difficili e in quelli più belli. Mi ha spinto a essere la persona che sono fuori dal campo, il che si traduce nel fatto che sono diventato una versione migliore di me stesso in campo. È stata la mia roccia stabile, mi ha fatto andare avanti e mi ha sempre spinto a cercare di essere migliore.

Una guida che sia fonte di ispirazione, protezione e supporto non casca sempre dal cielo.

Sì, alcuni l'hanno trovata in casa nella maniera più naturale e, direi, giusta, se proprio posso permettermi una qualsiasi forma di giudizio teorico.

Ma non consideriamola una forma di diritto assegnato alla nascita. È invece molto importante cercare tra le persone vicine a noi come genitori, insegnanti, allenatori, chiedendo consigli in un'ottica proattiva. Osservare tanto le persone e identificare qualcuno da ammirare e da cui imparare continuamente. Dai compagni più grandi nella propria squadra, ai colleghi in un ambito professionale, è importante guardarsi attorno e identificare chiunque incarni i valori, le competenze e le attitudini che possono essere di ispirazione per il nostro cammino.

Si impara sempre da tutti.

Bisogna essere curiosi, fare domande, non dare niente per scontato.

Prendere il destino nelle proprie mani, dimostrando interesse, umiltà e volontà di apprendere e migliorare.

Le persone più vincenti che ho conosciuto hanno creato, sviluppato e mantenuto relazioni molto strette con almeno un mentore, e a volte più di uno. Qualcuno che ti conosca abbastanza da capirti, ma che sia sufficientemente distaccato da poter regalare la massima oggettività di valutazione e di giudizio.

Se non abbiamo almeno un mentore, dobbiamo cercarlo.

Il prima possibile.

Ma soprattutto dobbiamo essere in grado di accettare il feedback con mentalità aperta, vedendo ogni consiglio come opportunità di miglioramento, specie quando è più difficile da ascoltare.

Dove esiste un gap, una tensione, un'opportunità... c'è crescita. Di questo bisogna andare in cerca.

Mi piacerebbe citare la fisica, che definisce che una qualsiasi differenza di potenziale, o di pressione, crea una forza. Per intenderci, con un'estrema semplificazione, la corrente scorre perché esiste una differenza tra il potenziale elettrico di due punti. Il vento si crea quando in due zone esiste una differenza di pressione atmosferica, e così via.

In poche parole, è la natura a dirci che in presenza di tale delta si origina una forza.

Si crea una forza quando i desideri superano la realtà.

Si crea una spinta quando la volontà supera il risultato attuale.

E quando si perde, allora la squadra trova le forze per attaccare di più.

Così si crea la forza.

Quindi servono i gap. E quella distanza, che oggi ci abbatte perché evidenzia una differenza tra l'attuale e il potenziale o tra il risultato ottenuto e quello desiderato, sarà proporzionale alla forza generata per il nostro miglioramento.

È la natura. È fisica.

È definita da formule matematiche.

Per questo il feedback, che mette in evidenza una differenza tra l'attuale e il potenziale, è così potente.

Non è un caso se Sheryl Sandberg, ex COO di Meta, sostiene che: «Il feedback è l'arte di aiutare gli altri a vedere quello che non possono vedere da soli». E l'autore Frank A. Clark aggiunge: «La critica è come la pioggia, deve essere abbastanza gentile da nutrire la crescita, senza distruggere le radici».

È proprio il mentore colui che può massimizzare la portata di qualsiasi feedback, perché abbastanza vicino da comprendere le circostanze, ma abbastanza oggettivo da evitare che siano solo le emozioni a dettare il percorso.

Dove c'è feedback, c'è differenza di potenziale. Quindi c'è una forza. C'è spinta per crescita e miglioramento.

Questo è vero nello sport, nella professione.

E nella vita.

È fisica. È matematica.

Ricordi delle situazioni in cui hai fallito?
Quali insegnamenti ne hai tratto?

«Il successo è la capacità
di passare da un fallimento all'altro
senza perdere l'entusiasmo.»
WINSTON CHURCHILL

Tutti gli atleti, di qualsiasi livello, in qualsiasi tipo di sport, hanno subito grandi sconfitte. Hanno vissuto gare, o partite sbagliate, perse all'ultimo minuto, per un secondo o per un centimetro. Recentemente Roger Federer, uno dei più grandi della storia del tennis, ha dichiarato di aver vinto circa la metà dei punti che ha giocato. Ed è vero, è una percentuale del 54,1 per cento. Nel caso di Djokovic, che risulta il primo nella classifica degli slam vinti fino a ora, è il 54 per cento. La stessa di Nadal. I tre che hanno vinto il maggior numero di slam nella storia del tennis.

Cos'altro ci insegna questo dato? Che si falliscono circa la metà dei colpi.

Mi verrebbe da dire che in un lavoro normale, sbagliare o «perdere» la metà delle volte sia un bel problema, e sarebbe molto difficile ottenere e mantenere un lavoro con percentuali di riuscita simili... sul piano matematico, significa sbagliare o fare peggio del tuo diretto concorrente la metà delle azioni intraprese.

Complicato.

Matematicamente parlando, molto penalizzante, una sorta di condanna.

Nello sport, invece, il fallimento è parte integrante del gioco. Ricordate Al Pacino? L'abbiamo visto all'inizio: «Ogni maledetta domenica si vince o si perde, rimane da vedere se si vince o si perde da uomini». Che per me significa: rimane da valutare l'impegno messo in campo, le qualità dimostrate e l'insegnamento tratto da ogni circostanza.

Quale logica si apprende.

Quale motivazione si ricostruisce.

E questo succede ogni maledetta domenica.

Nel basket succede ogni tre giorni.

Nel tennis, pensate, praticamente ogni giorno o anche due volte al giorno. Di certo più volte a settimana.

Sconfitte, errori, delusioni... quello che distingue il giocatore dal campione è la capacità di trasformare questi momenti e queste circostanze, per natura temporanee, in lezioni e motivazioni per il futuro.

Il fallimento è parte del viaggio.

Insegna la resilienza.

Mette alla prova l'umiltà.

E ricorda che il successo non è mai garantito.

Per nessuno.

Le sconfitte, peraltro, sono anche un motore per il futuro. I fallimenti più dolorosi sono anche quelli che riaccendono il nostro animo e ci caricano di determinazione, spingendoci a lavorare più duro. A curare più dettagli. A cercare l'eccellenza in ogni giocata o in ogni prestazione.

Oppure la spengono del tutto.

È la risposta al fallimento a definire un atleta. E l'uomo, dentro l'atleta.

È quella risposta a valorizzarne l'insieme delle qualità mentali e attitudinali. A renderlo un campione vero.

USAIN BOLT

Nei Campionati del mondo del 2011 ho fatto una falsa partenza nei 100 metri. Ero stato infortunato in quella stagione e non ero fiducioso come al solito per un torneo così importante. Alla fine, ho imparato che dovevo sempre mantenere la calma e fidarmi delle mie capacità. La gara è stata vinta in un tempo che sarebbe stato comodo per me. Ho imparato da questo e non è successo di nuovo.

RONALDINHO

Non esiste una misura del fallimento. Qualsiasi sconfitta o frustrazione causata da aspettative create può essere considerata un fallimento. Il grande insegnamento è non arrendersi mai e sapere che, se dipende da te, domani sarà sicuramente sempre migliore di oggi o di ieri.

LANCE BRAUMAN

Nel mio piccolo fallisco ogni giorno, perciò mi è difficile rispondere a questa domanda. Vedo tutti i fallimenti come esperienze di apprendimento. Pertanto, per quanto odi fallire, ciò che ho imparato da ciascuna delle esperienze è stato probabilmente più benefico di qualsiasi altra cosa e più motivante del fallimento stesso.

GRANT HOLLOWAY

Mi piace pensare che non ci siano fallimenti ma solo lezioni di vita. Non si perde ma si impara: dalle gare che ho perso ho sempre imparato qualcosa di nuovo su me stesso e sulle esperienze che ho avuto.

WAYDE VAN NIEKERK
Sicuramente il mio infortunio più recente (quello del 2017, *N.d.A.*). Penso che la lezione più grande che ho imparato sia stata relativa a quanto sia importante rimanere impegnati all'interno dell'arco di tempo vissuto da atleta professionista, in cui devi assicurarti di rimanere concentrato e non allontanarti dalla tua situazione attuale, il tuo sport attuale, il tuo obiettivo attuale. Ho perso molte opportunità di crescita e ora devo lavorare ancora più duramente per tornare più forte e tornare al livello a cui vorrei competere.

RIVALDO
Non posso dire che sia stato un fallimento, ma una delle più grandi delusioni della mia carriera è stata perdere le Olimpiadi del 1996. Quello che ho imparato è che questo momento difficile mi ha reso più forte in vista di altri successi.

XAVI
Forse non è stato un fallimento di per sé, ma ricordo che all'inizio della mia carriera ero sul punto di lasciare il Barcellona, alle prese con le sfide iniziali incontrate ai massimi livelli e in un club difficile come questo. Alla fine, però, soprattutto grazie a mia madre, ho deciso di restare e lottare per il mio sogno. La lezione finale è che non bisogna arrendersi al primo ostacolo, ma perseverare, lavorare sodo e non smettere mai di credere in se

stessi. Il percorso verso il successo è molto duro e incontrerai sempre situazioni difficili da superare. La chiave è credere nelle tue capacità.

KAKÁ
Non mi piace parlare di fallimento, perché è una parola troppo forte per descrivere qualcosa a cui ti sei dedicato al meglio e che ancora non sei riuscito a realizzare. Ma credo che le sconfitte ai Mondiali del 2006 e del 2010 e la finale di Champions League contro il Liverpool siano stati momenti che mi hanno dimostrato che qualsiasi calo di concentrazione o distrazione può portarti fuori dal percorso per la vittoria.

STAN SMITH
Avevo quattro obiettivi.
Uno era quello di diventare un membro della squadra statunitense di Coppa Davis.
Il secondo era quello di essere il numero uno negli Stati Uniti.
Il terzo era vincere Wimbledon.
Il quarto era di diventare il numero uno al mondo.
Questi ultimi due erano quasi alla pari, quasi sinonimi data l'importanza di Wimbledon. Ma ho perso la finale di Wimbledon dopo essere stato in vantaggio di due set a uno, pensavo davvero che avrei vinto quella partita. Quindi quella fu una grande delusione. Accadde nel 1971. E poi nel '72 ero di nuovo in finale e vinsi in cinque set, e potrebbe essere stato l'effetto della sconfitta dell'anno prima, quindi ho sicuramente imparato molto da quella partita persa.

FELIPE SCOLARI
La finale di Euro 2004 con il Portogallo, giocata a Lisbona, con tutti i tifosi a nostro favore, e persa contro la Grecia. Poi la semifinale della Coppa del mondo 2014 con il Brasile contro la Germania, a causa del punteggio esagerato, poiché non c'è un favorito in una partita tra Brasile e Germania, ma una tale sconfitta fu molto deludente per tutti.
La lezione in entrambe le situazioni sarà sempre che nessuno è invincibile, a prescindere dal momento favorevole.

JACKIE JOYNER-KERSEE
Fallimento è una parola che non uso spesso. Alle Olimpiadi del 1984 ho sottovalutato il potere della forza mentale mentre affrontavo un infortunio al tendine del ginocchio. Posso dire quindi, in tutta franchezza, che la mia più grande delusione quell'anno ha riguardato questo tema.

ROBERTO MANCINI
Io penso che nel calcio siano più i fallimenti che le vittorie. Quando tu giochi per vent'anni o alleni per vent'anni non è che puoi vincere sempre. Anzi, la maggior parte delle volte non vinci. Però dalle cose che non vanno bene uno migliora sempre, diventa meticoloso, va a vedere quello che ha funzionato e quello che non ha funzionato. Lo sport è fatto anche di questo, di vittorie e sconfitte, e quando uno arriva a certi livelli può vincere o può perdere anche una finale, ma questo è il prezzo di essere sempre al top.

ARRIGO SACCHI
Il momento più difficile è stato il periodo della Nazionale. Non solo relativamente all'andamento del Mondiale, ma anche a tutte le difficoltà che si sono create. Infortuni, espulsioni, il clima brutale con quaranta gradi e cento per cento di umidità. Abbiamo dato tutto, arrivando vicinissimi al titolo nonostante il percorso e le circostanze ci fossero molto sfavorevoli. Quei giocatori sono stati degli eroi.

SERGIO GARCÍA FERNÁNDEZ
Non li chiamerei fallimenti, perché sono i momenti in cui in realtà si impara di più.

La relazione intima, personale, mentale che un atleta ha con i propri fallimenti ne definisce una parte significativa del potenziale. Ne qualifica l'umiltà, la capacità di imparare e migliorarsi, la gestione della pressione e la volontà di accettare le circostanze, quali che siano. E ne mette alla prova la propria determinazione e fiducia.

È così non solo per gli atleti, ma per qualsiasi professionista che abbia degli obiettivi definiti e lavori nella direzione di realizzarli.

Questa relazione tra umiltà e fiducia mi ha sempre interessato particolarmente. Spesso si dice che le persone umili non sono fiduciose e che le persone fiduciose non possono essere umili.

Io credo il contrario.

Io credo che un elevato livello di convinzione nei propri mezzi porti a una elevata umiltà. Perché chi è veramente convinto non deve dimostrare niente. Si può anche avere un ego enorme, ma la fiducia in se stessi porta alla consapevolezza di non dover necessariamente mostrare niente, anzi, porta a mettersi alla prova nel continuo miglioramento, il che equivale ad ammettere di avere ancora tanto da lavorare per colmare dei gap o per accentuare delle aree di forza.

La presunzione o l'arroganza sono un'altra cosa, da non confondere con la relazione tra fiducia e umiltà. Per esempio, mettersi alla prova è prerogativa di chi è curioso, di chi testa i limiti e di chi ha abbastanza umiltà per provare a spostare tali limiti ammettendo le eventuali lacune e opportunità.

È facile dire che il fallimento sia parte del viaggio, e non ne sia la fine. Il problema è che questo è comprensibile solamente quando si osservano tutta la vita o la carriera in prospettiva. Ma come spiegarlo al giocatore nel momento in cui sbaglia un rigore decisivo, in quel preciso istante o al termine di quella partita? O al tennista che perde la prima finale di uno slam? Senza un contesto più largo e una prospettiva completa il fallimento contingente è comunque inevitabilmente doloroso, deludente, triste.

Non c'è soluzione immediata.

Non si può fare zoom out, come su Google Maps, così da inquadrare ogni segmento come un singolo passaggio di un viaggio ben più lungo. E scoprire che le deviazioni, talvolta, sono indispensabili o addirittura vantaggiose.

La matematica direbbe qualcosa di molto semplice. È un concetto relativo al tempo.

Si vive solo il momento attuale e si pianifica il momento futuro.

Per quanto doloroso sia un fallimento, è un oggetto del passato, irrecuperabile, irrimediabile.

Fisicamente parlando.

Filosoficamente, invece, è inevitabile provarne il peso.

A ogni modo, non esistono alternative se non accettare i fatti, sfruttarne gli insegnamenti, e ricordarne il significato, per continuare il viaggio.

Nel tennis ogni singolo punto è la cosa più importante del mondo, nell'istante in cui viene giocato. Ma subito dopo va lasciato alle spalle, nel passato. È andato.

Ora quello che conta è solo ed esclusivamente il prossimo punto.

Il prossimo punto, sarà quello a fare tutta la differenza.

La prossima palla.

Il prossimo game.

La prossima partita.

C'è sempre un prossimo pallone da calciare.

Talento naturale o lavoro duro?

«Allenati come se non avessi mai vinto.
Gioca come se non avessi mai perso.»
MICHAEL JORDAN

Abbiamo toccato il tema del talento in alcuni passaggi precedenti. La base, necessaria, su cui si può realizzare qualsiasi sogno. A certe condizioni. È come il terreno che, a parità di semina, farà la differenza sulla qualità del raccolto. Viceversa, a parità di terreno, la semina e la cura del terreno offriranno maggiori opportunità di crescita.

Qualche tempo fa ero a pranzo con Roberto Mancini, e insieme ricordavamo i personaggi iconici di quei tempi nel Bologna FC, dal magazziniere all'allenatore della primavera. Che periodo meraviglioso. Frammenti di un calcio ormai lontano. Bologna è la città in cui sono nato e cresciuto, e da bambino tutti ammiravamo due giovani giocatori di calcio, coetanei, al debutto in Serie A a circa sedici anni: Roberto Mancini, marchigiano di Jesi, e Marco Macina, di San Marino. Nell'annata 1981-82 giocarono insieme nella prima squadra del Bologna FC. Noi avevamo otto anni, e loro erano i nostri idoli.

I nostri eroi.

E per alcuni, compreso me, dei riferimenti assoluti quando in camera mi esercitavo con la palletta di spugna a calciare le punizioni, il letto a mo' di barriera, mirando l'incrocio sotto la scrivania. A onor del vero, mi esercitavo anche nell'esultanza. La mia. Proprio quella che in realtà non vide mai nessuno... una esultanza che non entrò mai in una sigla televisiva. Evidentemente non c'era abbastanza talento. Dai, mettiamola così...

Non c'era alcun dubbio, tra gli esperti, su chi fosse il ragazzo prodigio, il più talentuoso. Semplicemente il più bravo di tutti. Aveva un potenziale alla Messi, tanto che la sua biografia è intitolata *Era il più forte di tutti.*

Perché era vero.

Sulla base del talento, Macina era il numero 1.

Matematico.

La sua carriera non decollò mai, per vari motivi, e finì molto presto a causa di un infortunio a un crociato anteriore che presentò varie complicazioni. Collezionò solo tredici presenze in Serie A.

Roberto Mancini, anche lui un talento straordinario, ma considerato forse meno eccezionale rispetto a Macina, è diventato invece una delle mezze punte più forti della storia del campionato italiano: più di 500 presenze in Serie A, 156 goal, 62 presenze in Nazionale (tra Under 21 e maggiore), 13 goal; non solo, è anche uno degli allenatori più vincenti in Italia e all'estero (3 scudetti consecutivi, 4 Coppe Italia, 2 Supercoppe italiane, 1 Coppa d'Inghilterra, 1 Premier League, 1 Community Shield, 1 Coppa di Turchia, 1 Europeo). Ha vinto qualcosa in ogni squadra allenata. Di club o nazionale.

Due talenti simili, uno dei quali giudicato superiore, ma due storie così diverse e con un divario smisurato in termini di palmarès nella storia del calcio.

Facile semplificare e ridurre tutto all'approccio mentale o alle capacità di gestire il proprio talento, ma i fatti dicono che, come Marco e Roberto, ci sono tantissime storie di atleti con un talento molto più limitato di altri, ma capaci di raggiungere grandissimi traguardi grazie a perseveranza, determinazione, disciplina, tenacia e duro lavoro.

Roberto ha ricevuto il dono del puro talento calcistico e l'ha abbinato a una fortissima determinazione, una grande volontà e la capacità di migliorarsi continuamente. Senza contare, data la sua storia personale, la disponibilità a fare tantissimi sacrifici quando era piccolo, lasciando la propria famiglia e mettendo tutto se stesso nell'impresa. Per riuscire nella propria missione, ma senza alcuna garanzia di successo.

A volte si dice: «Quanto talento sprecato». È vero. È un delitto sprecare il talento per la mancanza di volontà. Proprio quel talento che tanti non hanno e che pochi ricevono in dono dovrebbe sempre essere onorato con il giusto rispetto.

Questo concetto non riguarda solo le grandi imprese sportive. Tutti abbiamo talento in qualche ambito, o in qualche tipo di comportamento, attitudine, capacità, ma anche in qualche preferenza, materia o interesse. La domanda è: rendiamo giustizia ogni giorno a quel talento, coltivandolo ed esercitandolo come merita attraverso il lavoro necessario per esprimerlo al meglio?

USAIN BOLT

È una combinazione delle due cose. Ci vuole talento per essere un atleta professionista, ma non conosco nessuno che sia arrivato in cima senza lavorare sodo.

ALESSANDRO DEL PIERO
Nella mia esperienza, è una combinazione di entrambi. Il talento naturale offre un vantaggio, ma il duro lavoro è fondamentale per affinare le capacità e raggiungere il successo.

RONALDINHO
Lavorare sodo per integrare il talento naturale. L'uno non può vivere senza l'altro.

PERES JEPCHIRCHIR
È talento naturale ma anche duro lavoro. Se hai talento ma non lavori sodo non raggiungerai il successo.

LANCE BRAUMAN
Sembra un cliché, ma dovrei dire entrambe le cose. Nella mia esperienza, trovare gli atleti più talentuosi e convincerli che il duro lavoro realizza al massimo il loro talento è ancora essenziale. Quelli sono gli sportivi che sperimentano il successo ai massimi livelli.

NOAH LYLES
Penso ci debba essere un alto livello di entrambi. Credo che tu possa sicuramente avere dei talenti e il tuo talento può certamente portarti molto lontano. L'ho visto nella mia vita. Ma per rompere le barriere e arrivare al massimo devi essere in grado di spingerti fino al limite, fino a un livello che ti metterà alla prova e che ti aiuterà a raggiungere obiettivi che il solo talento non può raggiungere.

NATALIA GUITLER
È iniziato con il talento e poi è diventato un duro lavoro! Credo che nessun atleta, per quanto talentuoso possa essere, possa distinguersi senza un duro lavoro alle spalle.

RIVALDO
Entrambi, però, per esperienza personale, ho avuto più duro lavoro che talento naturale. Sono cresciuto molto lavorando sodo.

XAVI
Per me è una combinazione di entrambi, ma se dovessi scegliere, direi che il duro lavoro potrebbe essere più importante del talento. Ovviamente, senza talento, non puoi vincere o raggiungere il livello d'élite, ma la storia del calcio è piena di giocatori con un talento immenso che non hanno avuto successo proprio perché non hanno fatto il lavoro richiesto a questo livello. Al contrario, ci sono anche molti esempi di giocatori con meno talento che hanno avuto carriere incredibili ottimizzando i loro punti di forza attraverso il duro lavoro e la convinzione.

KAKÁ
È un equilibrio di entrambi, ma puoi avere successo senza un enorme talento naturale. Viceversa, anche se hai un talento naturale ma non lavori molto duramente non raggiungerai la vetta.

STAN SMITH

Devi avere una quantità davvero alta di talento per essere al top, per diventare un Federer, Djokovic o Nadal o uno dei migliori giocatori nel corso degli anni. Ma poi la chiave è davvero il duro lavoro e l'impegno che ci metti per ottenere il massimo dal tuo potenziale. E rispetto davvero i ragazzi o le ragazze che esprimono il loro potenziale più di quanto non faccia una persona estremamente talentuosa che non lavora così sodo.

IAN THORPE

Non è né solo talento naturale né solo duro lavoro, in realtà è una combinazione dei due, poiché ci sono atleti che sono i più talentuosi per natura ma non lavorano abbastanza duramente per raggiungere le vette che potrebbero, e ci sono altri atleti che lavorano più duramente di chiunque altro, ma poiché non hanno il talento naturale non raggiungeranno mai i più alti livelli nello sport. Hai sicuramente bisogno di una combinazione dei due.

JACKIE JOYNER-KERSEE

Una combinazione di talento e duro lavoro. Il talento deve essere coltivato. Il talento naturale fornisce le basi, ma il duro lavoro è l'ingrediente chiave.

FELIPE SCOLARI

Serve lavorare molto. La leadership naturale aiuta, ma la dedizione, l'osservazione e la disciplina sono fondamentali.

ROBERTO MANCINI
Se uno ha talento e ci lavora anche tanto sopra, allora diventa un fuoriclasse assoluto. Ci sono molti che pensano che basti solo il talento, e lo pensavo anch'io all'inizio quando ero giovane. Quando ci lavori su, con serietà, e ascolti chi ha più esperienza di te, gli allenatori, gli insegnanti, allora questo fa la differenza. Certo, avere talento è una grande fortuna, che non va sprecata ma massimizzata lavorando sodo.

ARRIGO SACCHI
Il talento deve essere quello che uno mette al servizio della squadra. E poi il lavoro sodo è determinante per rendere quel talento efficace nel gioco. Un pilota di F1 non può andare a settanta chilometri orari tutta la settimana e poi sperare di correre a trecento chilometri orari la domenica. Si schianterebbe. Io ho sempre creduto in un calcio offensivo, dominante, creando sempre superiorità numerica. Questo richiede grande spirito di squadra (al di là del talento) e tantissimo lavoro.

SERGIO GARCÍA FERNÁNDEZ
È un insieme dei due. La perfetta combinazione è avere talento e curarlo con duro lavoro di continuo miglioramento.

COREY SEAGER
Penso che sia l'insieme di entrambi. Ma, alla fine, credo che il duro lavoro sia più importante del talento. Mio padre ci diceva sempre che il duro lavoro batte il

talento quando il talento non lavora duro. Ho vissuto imparando da questo principio per tutta la mia carriera.

Il dono naturale del talento è molto prezioso, e dovremmo avere l'obbligo di proteggerlo, svilupparlo e massimizzarlo con ogni forza. Ma il talento si può trasformare in eccellenza solo quando viene affinato tramite un lavoro costante, consistente e persistente.

Nella fase iniziale di ogni carriera il dono naturale di un talento di qualsiasi tipo, tecnico, fisico, intellettuale, offrirà sempre un vantaggio iniziale anche significativo, che consente di eccellere nel breve termine.

Ma nel contesto di una carriera, sportiva o professionale, di lungo termine, la realizzazione massima del talento e la sua equazione volta al successo, si deve solo ed esclusivamente al duro lavoro, associato a grande passione, dedizione, determinazione e resilienza, che si configurano come i fattori critici in ogni formula di successo duraturo e ripetibile.

Albert Einstein diceva che «il genio è 1 per cento talento e 99 per cento duro lavoro», una frase forse frutto di grande umiltà perché in effetti il suo valore di QI (circa 160) lo colloca al di sopra del 99.9968 per cento della popolazione. Ma è indubbio, nelle prospettive offerte da tanti campioni di successo, che la combinazione di talento e duro lavoro sia imprescindibile. E tra i due, il duro lavoro (anche in presenza di un talento inferiore) offre più possibilità di successo rispetto a un maggior talento senza sufficiente lavoro, specialmente nel lungo termine.

Quindi, che ci piaccia o no, la tenacia, il sudore, il miglioramento continuo sono stati, sono e saranno sempre il fattore discriminante nel cammino verso l'eccellenza, il successo e la piena realizzazione del proprio potenziale.

E questa è una bellissima notizia, perché significa che a tutti, in maniera diversa, e in relazione a talenti applicati ad aree del tutto diverse, viene data l'opportunità di farcela in qualcosa, in qualche modo. Di realizzare un qualche potenziale attraverso una più o meno significativa dose di impegno.

Nel mondo del lavoro questo è un tema difficile sia da discutere sia da accettare. Sì, perché tutti pensano di impegnarsi sempre al massimo, di lavorare tantissimo, e comunque più di chiunque altro, di essere i più bravi e, talvolta, di conoscere la propria materia molto più che a sufficienza. E soprattutto a nessuno piace essere valutato in base alle ore di lavoro, giustamente. Quindi resta solo una valutazione in base alla qualità del risultato, che però purtroppo dipende dall'impegno oltre che dalle capacità.

Una volta stabilito l'obiettivo ci chiediamo dunque: quanto lavoro è sufficiente per raggiungerlo?

Gli studenti si scontrano con questa problematica già a scuola: quando si prepara un test, un esame o un qualsiasi tipo di prova, non esiste mai un momento in cui si può dire «andrà di certo bene», semplicemente perché non c'è limite alla conoscenza della materia. Non esiste un momento in cui «si è studiato abbastanza», perché non si può neanche sapere quanto reggerà la memoria al momento della prova. Quindi ripetere o scrivere ancora una volta, e ancora e ancora, è un processo che in teoria non ha mai fine. Poi interviene la pratica, e si tira la linea, ovvero a un certo punto si riterrà arbitrariamente (o costretti dal tempo) di aver studiato a sufficienza per il proprio obiettivo. E si va all'esame. Sarà lo stesso anche per gli atleti, per ogni gara o partita.

Alla fine, poi, conta il risultato. L'unico dato capace di dirci se lo studio è stato sufficiente per l'obiettivo.

Di certo, se la materia è più difficile o si ha meno predisposizione per quello specifico settore, allora è necessario prepararsi di più. Il contrario non sussiste in alcuna logica.

Tornando al contesto professionale, assumendo una conoscenza della propria materia sufficiente – quindi l'analisi delle circostanze, delle informazioni e delle opzioni sono tutti fattori cruciali per il risultato finale –, la domanda è: quanto è sufficiente?

Quanto basta per vincere la partita?

E questo vale per un avvocato che se la vede con un procuratore e un giudice in aula, per un manager alle prese con la concorrenza o per un dottore o un veterinario che si trovano a gestire un'urgenza medica... quando «basta» la preparazione?

La risposta è «mai».

Non esiste una certezza matematica. Sono le contingenze del tempo e della vita a portarci a tracciare la linea e a pensare "andrà come deve andare".

Ma il lavoro necessario per ottenere l'eccellenza non prevede un vero limite, e soprattutto all'inizio tanto esercizio implica benefici tangibili enormi. Poi col tempo, e al crescere delle capacità, il maggior lavoro può iniziare a rendere gli incrementi marginali, come ripetere una presentazione una seconda volta fornisce un vantaggio importante per la memoria, mentre l'undicesima volta non farà la stessa differenza incrementale.

Il «quando» fermarsi diventa una sensibilità personale. Ognuno ha il destino nelle proprie mani, nello stabilire il quando.

Penso che tutti possano essere d'accordo che, a parità di talento iniziale, la differenza nel tempo la facciano l'impegno e il lavoro di miglioramento continuo. Fino a un punto in cui le capacità si saturano, a fine carriera, e si è raggiunto il massimo potenziale. La realizzazione assoluta del potenziale sarà dipendente dai due fattori. Il talento iniziale e un fattore che possiamo definire «lavoro».

Quindi, al primo anno di carriera: Performance = talento iniziale.

Questi sono i bambini che a sei anni dribblano tutti, fanno cose che nessuno gli ha mai insegnato, e sono i più bravi anche quando li metti a giocare con i più grandi. Nessuno sa il perché e i genitori in un attimo si trasformano in manager e/o agenti e/o selezionatori della Nazionale.

Oppure il bambino delle elementari che, dopo avere ricevuto qualche informazione di base, dal primo colpo non sbaglia una somma o una tabellina.

Col tempo il talento si coltiva con impegno, allenamenti, esercizi, e questo crea un nuovo valore, più alto, il talento attuale, che cresce continuamente. All'inizio in maniera più rapida, per poi saturarsi nel tempo.

Possiamo sintetizzarlo così: Performance = talento iniziale + (talento attuale*fattore lavoro)

Partendo da un talento iniziale inferiore, tanto lavoro può chiudere il divario rispetto a un talento iniziale maggiore ma mai realizzato attraverso l'impegno.

Quindi sì, come hanno indicato alcuni campioni, un talento sufficiente unito a una gran mole di lavoro può superare in performance un talento straordinario ma non alimentato nel tempo.

Niente viene per niente.

Imparare e migliorare di continuo non ha un limite.

A questo giro, non si vince con un *click*.

Cos'è la «mentalità vincente»?
Esistono tratti comuni negli atleti di successo?

«La mentalità vincente non è qualcosa
che si applica una volta, o quando serve.
È una attitudine consistente e persistente
nel vivere qualsiasi cosa, in ogni momento.
Definisce chi sei,
e ti motiva a spingerti oltre il limite precedente,
ogni cosa che fai.»

Si è parlato e si parla tanto di «mentalità vincente» nello sport. Comprensibile, perché vincere in questo campo non è solo una delle tante alternative, ma una necessità intrinseca dello sport stesso.

Non ho in mente alcuno sport che non abbia un meccanismo di punteggio per classificare, confrontare o comparare le prestazioni di squadre o di individui. Sia in incontri diretti sia in graduatorie annuali o periodiche.

Sembrerebbe entrare in contraddizione con il concetto espresso da Pierre de Coubertin, il padre delle Olimpiadi moderne, cofondatore del Comitato olimpico: «La cosa più importante nelle Olimpiadi non è vincere ma partecipare». Una frase potentissima, di grande valore etico, filosofico e educativo. Infatti, de Coubertin fu tra i primi a offrire un nuovo valore allo sport e a istituzionalizzarne una prospettiva più ampia e idealistica: il suo ruolo educativo al di là del risultato e come mezzo per promuovere il miglioramento personale, l'autodisciplina ma anche l'onestà, il rispetto, la lealtà. Quindi la sua filosofia del «vincere» era abbastanza complessa e sicuramente radicata nei valori umani e culturali, al di là del mero concetto di superare un avversario. Trovava anzi un suo fine nel competere con onore, rispettare le regole e i rivali, migliorarsi e contribuire alla costruzione di un mondo più pacifico e armonioso.

Questa complessità non si può risolvere nell'estrema semplificazione «l'importante è partecipare», perché sarebbe un'interpretazione non solo semplicistica ma anche sbagliata e fuorviante. Infatti è vero che partecipare alle Olimpiadi per tutti gli atleti rappresenta in sé già un grande successo; essere un atleta olimpico è una vittoria ed è per sempre, tanto da prendere la forma del tanto desiderato tatuaggio dei cinque cerchi (quanto avrei sognato farmelo!) con cui tanti atleti olimpici hanno marcato per sempre il proprio corpo.

Ma per partecipare alle stesse Olimpiadi, ogni atleta deve essersi qualificato vincendo i campionati (o qualificandosi in un gruppo limitatissimo) del proprio Paese. Per rappresentare la propria bandiera, deve far parte di questa ristretta cerchia.

Quindi, per una manifestazione straordinaria come le Olimpiadi, ma anche per tutte le gare a livello mondiale o regionale, il partecipare segue il vincere.... non il contrario!

Ironicamente si deve vincere, e tanto, al fine di partecipare!

Quindi vincere conta.

Conta matematicamente.

E filosoficamente.

E questo a prescindere dal tipo di vittoria, su un avversario o rispetto al proprio miglior punteggio precedente. Se è uno sport ci saranno sempre un punteggio, un tempo, una distanza.

Il motto olimpico è «*Citius, Altius, Fortius*» («Più veloce, più in alto, più forte»), che definisce il superamento di un limite o di un rivale. C'è sempre un «più» che è la sostanza dello sport, è la filosofia del miglioramento continuo, di superare i limiti precedenti e sì, di arrivare davanti a un avversario. Magari negli ultimi centimetri... e bastano quelli.

Quindi fare meglio, fare di più e vincere non è solo una delle possibilità.

Anche a livello amatoriale funziona così. Prendiamo il calcio: ci si allena col caldo, con pioggia e neve, si saltano cene, si ridimensiona la vita personale, si fanno tanti sacrifici, per giocare insieme alla propria squadra «ogni maledetta domenica». E vincere. E quando si perde rode. È così. Deve rodere. E se non rode, come si può vagamente pensare di essere competitivi nei novanta minuti?

Mi piace ritenere che la mentalità vincente non sia un approccio del momento ma un'attitudine costante, che permea ogni aspetto del vivere e del pensare.

Un modo di sentire, interpretare e vivere le cose.

Una convinzione continua e incrollabile che il successo non sia una delle opzioni possibili, ma la sola destinazione, e che si manifesti non per forza conquistando il gradino più alto del podio, ma soprattutto nell'impegno continuo a superare ogni ostacolo, nonostante le avversità, con la fiducia e la positività che ogni sfida, ogni fallimento, ogni sconfitta siano una nuova e straordinaria opportunità di crescita.

Si tratta sempre del massimo impegno.

Impegno.

Massimo.

Sempre.

Quella forza che ci spinge a dare tutto, e di più, sempre e comunque, anche e soprattutto quando nessuno guarda. La ricerca continua dell'eccellenza, il coraggio e la determinazione di credere che i tuoi sogni siano a portata di mano se sei disposto a lavorare per realizzarli.

La forza della mentalità vincente non si limita a essere uno strumento per ottenere successi immediati, ma va vista come una filosofia di vita che spinge al miglioramento continuo, alla resilienza, alla fiducia incrollabile in se stessi e nei propri obiettivi.

Avere una mentalità vincente significa credere fermamente che, se ci metti tutto il tuo impegno e non ti arrendi, non importa quanto sia difficile il percorso, puoi raggiungere qualsiasi risultato.

Carles Puyol, che ha giocato tutta la sua carriera con una maglia, quella del Barcellona, ed è considerato, a ragione, per qualità, leadership e risultati, uno dei più grandi difensori e capitani di tutti i tempi, ci ha regalato una vera lezione: «Quando ho fatto il provino per entrare al Barça, mio padre mi ha detto: "Se torni e non ti hanno selezionato, è perché c'erano venti giocatori migliori di te, nessun problema. Se non ti selezionano perché c'erano venti giocatori che si sono impegnati più di te, non tornare a casa"».

Impegno.

Massimo.

Sempre.

USAIN BOLT
Una mentalità vincente è essere in grado di vincere quando conta. Ero un atleta che si comportava meglio su un grande palcoscenico. Più alta è la posta in gioco, più mi piace. Amavo l'energia di uno stadio pieno con il mondo che guardava. E, come detto, i tratti comuni che si rivedono nei grandi campioni sono talento, duro lavoro, disciplina. Potrei anche aggiungere motivazione. Ammiro molto gli atleti che sono ancora al top dopo tanti anni. Devi avere una grande motivazione per andare avanti quando hai già vinto tutto.

ALESSANDRO DEL PIERO
Una mentalità vincente implica resilienza, un atteggiamento positivo, la capacità di superare le sfide e un incessante perseguimento degli obiettivi nonostante gli ostacoli.

RONALDINHO
Avere la convinzione che ogni giorno puoi fare sempre meglio. Gli atleti di successo sanno di essere un esempio per la società e penso che sia importante che svolgano il proprio lavoro con gioia, rispetto e dedizione.

PERES JEPCHIRCHIR
Penso che la mentalità vincente sia non aver paura di perdere o di fallire, e sognare sempre in grande. Io sono aggressiva in quello che faccio. Affrontare le cose con determinazione è fondamentale.

LANCE BRAUMAN
Essere in grado di trovare valore in ogni opportunità, anche quando l'obiettivo è piccolo o quasi irraggiungibile. Gli atleti più vincenti sono guidati da una grande forza interiore. Il loro successo è dovuto all'amore per lo sport e alla loro passione per la vittoria, non per i soldi o la fama che ne derivano.

NOAH LYLES
Si ha una mentalità vincente quando si impara continuamente. Solo così si è sempre in grado di sapere come riguadagnare il primo posto. E continuare a crescere ci assicurerà di non perdere mai.

GRANT HOLLOWAY
La mentalità vincente è la convinzione di vincere a ogni costo, di arrivare al traguardo per primo ed essere in grado di sacrificare quello che serve per raggiungere quel risultato. Vogliamo tutti vincere, qualunque sia la circostanza, quali che siano le probabilità.

WAYDE VAN NIEKERK
Una mentalità vincente richiede grande calma e pace. Se il tuo cuore è in pace e nel posto giusto, il tuo corpo sarà calmo, rilassato e pronto per ottenere prestazioni sempre migliori. Quindi credo davvero che se investi in uno stile di vita equilibrato e olistico, trovi la tua pace sul piano mentale, fisico e spirituale, è allora che aprirai le porte al tuo corpo per varcare limiti e barriere che non hai mai raggiunto prima. Gli atleti di successo dimostrano una grande attitudine, personalità ed etica

del lavoro, e ho sempre cercato di imparare da loro per applicarli anche nella mia vita.

ALEIA HOBBS
Mettere tutto in gioco, letteralmente dare tutto quello che si ha.

NATALIA GUITLER
È la consapevolezza che il tuo lavoro è ben fatto, ma allo stesso tempo non puoi rilassarti perché sai già che i tuoi avversari si alleneranno duramente per cercare di batterti nella prossima partita. Quindi, per me, è motivante continuare a fare quello che sto facendo e farlo sempre meglio, così da migliorare con costanza ed essere sempre competitiva.

RIVALDO
La mentalità vincente è l'insieme di pensiero positivo e consapevolezza che si può sempre fare di più. Si manifesta nei grandi campioni che credono nel proprio talento, nel proprio lavoro, nell'impegno e nella dedizione, nella convinzione di farcela. Sono accumunati da grande determinazione, disciplina e coraggio, e hanno una mentalità forte e coraggiosa, senza paura di correre dei rischi.

XAVI
La mentalità vincente si manifesta nel non accontentarti solo di quello che è soddisfacente, ma nel cercare sempre l'eccellenza. Paragonandolo alla scuola, se studi solo per passare, è normale fallire, ma se studi pun-

tando a un punteggio perfetto potresti non raggiungerlo, ma probabilmente otterrai un nove. Se ti alleni e giochi puntando a quell'eccellenza o alla tua versione migliore, forse un giorno non vincerai, ma ci sarai molto vicino e imparerai da ciò che non hai fatto bene per cercare di vincere la prossima partita. Per me, questo significa avere una mentalità vincente, cercare l'eccellenza in ogni allenamento, in ogni partita o, in definitiva, nella vita, in tutto ciò che fai. Credo che tutti gli atleti con quel gene vincente non si stanchino mai di vincere e non abbiano bisogno di motivazioni esterne per cercare la prossima vittoria, ma siano animati da una grande motivazione interiore.

SHAUNAE MILLER-UIBO
Il mio obiettivo è sempre stato quello di essere ricordata come uno dei più grandi atleti di questo sport. Quindi la mia mentalità è sempre stata quella di essere la migliore, lavorare più duramente e volerlo più di chiunque altro.

KAKÁ
È la capacità di affrontare le sfide, lavorare bene sotto pressione, mantenere la tua integrità ed essere in grado di avere concentrazione e dedizione assoluta alla tua sfida, senza che tutto questo ti disconnetta dalla realtà. I grandi atleti di successo sono concentrati sui propri obiettivi, sul quando e sul dove vogliono arrivare e sul superare tutte le sfide che capitano nel percorso. Mantengono salda la propria determinazione per raggiungere livelli altissimi che quando sono partiti non immaginavano di poter raggiungere.

STAN SMITH
Penso che sia una combinazione di cose. È una prospettiva di atteggiamento, perseveranza. Si combatte fino all'ultimo punto e generalmente i migliori giocatori hanno la reputazione di non mollare mai. Prendiamo l'esempio di Federer o Djokovic. Un qualsiasi loro avversario spera quasi di perdere di misura, poiché perdere in quel modo è per loro quasi un successo. Quindi vuoi sviluppare la reputazione di essere un duro, non solo come giocatore, ma mentalmente duro: se le cose vanno male, sarai comunque difficile da battere. E così diventa una situazione vantaggiosa per tutti. Il miglior giocatore vince la partita e ne è felice. Il giocatore non altrettanto bravo ha un buon punteggio, perde, ma è felice di questo e tutti sono contenti! Guardi un grande giocatore come Djokovic e vedi che trasuda sicurezza, dando sempre l'impressione di vincere la partita anche nei momenti difficili. I grandi giocatori sono famosi per non mollare mai, quindi con loro diventa veramente difficile chiudere la partita anche quando si è in vantaggio. Questa fiducia in se stessi si ottiene solo dopo una quantità enorme di pratica. È qui che entra in gioco il lavoro duro per raggiungere l'eccellenza.

FELIPE SCOLARI
Credere sempre nella vittoria. Credere sempre nel superare i limiti e le barriere.
Non c'è vittoria senza sudore. Non c'è successo senza dedizione.
Credere sempre nei propri mezzi e praticare con disciplina, impegno e determinazione per superare le diffi-

coltà e raggiungere l'obiettivo prefissato. Tutti quelli che hanno una mentalità vincente dimostrano una combinazione di fiducia in se stessi, volontà di superare gli ostacoli e di lavorare duro per migliorarsi continuamente.

Ian Thorpe
La mentalità vincente è essere in grado di entrare in qualsiasi arena sapendo di aver fatto tutto il possibile per prepararti a quel momento. Ci sono alcuni tratti comuni tra i grandi atleti, ma penso che ci siano personalità diverse e mentalità diverse, approcci differenti che ci permettono di avere successo. Non credo che esistano un solo modo o un solo tipo di atleta.

Jackie Joyner-Kersee
Una mentalità vincente è credere in se stessi ed essere disposti a usare ogni muscolo del proprio corpo al massimo per farcela e raggiungere il proprio obiettivo. Gli atleti sono accomunati da questa prospettiva e mentalità.

Roberto Mancini
La mentalità vincente è quella di uno che vuole migliorarsi ogni giorno, che non vede l'ora di allenarsi e di superarsi. Il fatto di pensare sempre di poter vincere qualsiasi partita o qualsiasi sfida, anche quando magari non hai le qualità necessarie per battere l'avversario. Però poi in una partita tutto può accadere. Quella è la mentalità vincente. Il filo conduttore tra i grandi sportivi di successo è sempre quello. In tutte le discipline, anche gli atleti con grande talento fanno dei sacrifici

enormi sin da bambini: lasciano le famiglie, lasciano gli amici, non vivono la propria gioventù. Quindi contano la perseveranza, la determinazione, l'etica del lavoro che ti spinge a impegnarti ancora di più quando le cose non vanno bene.

ARRIGO SACCHI
La mentalità vincente emerge dalla determinazione di una squadra, dalla sua capacità lavorativa, e dall'abilità di migliorarsi sempre. Per questo i tratti comuni dei grandi sono la volontà e la capacità di mettersi al servizio della squadra, lavorare più dei tuoi avversari, migliorarsi di continuo.

SERGIO GARCÍA FERNÁNDEZ
Credere sempre in se stessi. Tutti gli atleti di successo hanno una routine applicata in maniera disciplinata e costante.

COREY SEAGER
Sacrificio e duro lavoro. Vincere è difficile e non ti viene mai regalato niente. Devi guadagnarti tutto. Nel baseball ogni notte devi guadagnarti tutto.

La mentalità vincente combina determinazione, resilienza, un atteggiamento positivo e la convinzione profonda e incrollabile nel tuo potenziale, nelle tue capacità e nei tuoi obiettivi, al di là di ogni errore, ostacolo, o fallimento temporaneo.

Non è un'azione, non è un atteggiamento temporaneo, ma un modo di pensare e di agire.

È un modo di essere.

Una forza che ti spinge a dare il meglio di te stesso al di là di ogni circostanza.

Anche e soprattutto quando nessuno ti vede, ti valuta o ti giudica.

È l'ispirazione che ti motiva a non arrenderti davanti alle difficoltà e a vedere ogni esperienza come un'opportunità di miglioramento continuo.

Come citato da tutti i campioni, la volontà, la necessità e l'ossessione del miglioramento continuo è un chiaro tratto distintivo di tutti gli atleti di successo.

Sì, non basta mai.

Ogni successo è un nuovo punto di partenza.

Che tu stia cercando di eccellere in una competizione sportiva o di raggiungere i tuoi obiettivi personali, questa ricerca dell'eccellenza richiede concentrazione, determinazione e coraggio.

Mi piace moltissimo una definizione di eccellenza di Ronnie Oldham – la trovate anche nell'esergo del libro – che cerco spesso di ricordare a me stesso e alle persone che lavorano con me. La trovo straordinaria nella sua bellezza, semplicità e nelle sue intenzioni:

«*Excellence is the result of caring more than others think is wise,*
risking more than others think is safe,
dreaming more than others think is practical,
and expecting more than others think is possible».

Una prospettiva che fonde l'attenzione verso i propri obiettivi, al di là della ragione che porterebbe a limitarli.

Il rischio, oltre ogni calcolo.

Il sogno oltre ogni realtà.

L'aspettativa, oltre ogni possibilità statistica.

È la negazione della matematica, della scienza e della statistica.

Sì, perché vincere nello sport, e nella vita, va oltre ogni formula, ogni aspettativa e ogni calcolo.

Va oltre ogni coscienza.

Come il sogno che va oltre la razionalità.

Non si spiega, il sogno.

Perché dove non arriva la tecnica… arriva il cuore.

E dove non arriva il talento… arriva la volontà.

Dove non arrivano le probabilità… arriva il coraggio.

Pertanto, là dove non arrivano qualità che potrebbero mancarci, come la tecnica, il talento, e là dove sembrano non esserci probabilità di vittoria, arriva qualcosa che tutti abbiamo dentro: il cuore, la volontà e il coraggio.

Credo che una componente della mentalità vincente sia innata. La ritrovi nel bambino che continua ad allenarsi, anche quando il tempo è finito, o anche quando la mamma dalla cucina grida: «È pronto! Tutti a tavola!», finché quel maledetto pallone non si è insaccato sotto l'incrocio, o finché tutti i birilli di target nel training di tennis sul servizio non sono stati abbattuti.

La vedi in quell'allenatore che guarda e riguarda i filmati delle squadre avversarie per preparare la prossima partita. Quanti bisogna vederne? E chi lo sa? Quanti ne bastano. E quanti ne bastano? E chi lo sa. Ma lui ci passa le notti sopra, finché non capisce come attaccarli. Allora bastano. E sai che c'è? Puoi anche non farlo…

ma qualcuno lo fa. Carletto Ancelotti, quando lavorava come assistente di Arrigo Sacchi in Nazionale, vivisezionava i filmati di ogni partita appena giocata per analizzare reparto per reparto le statistiche del match. Non c'erano algoritmi o software a disposizione. Lo faceva a mano, mandando avanti e indietro una VHS.

La componente innata della mentalità vincente la ritrovi anche in quella neoassunta a cui dici di non preoccuparsi perché un certo compito non è urgente, e di dare priorità al resto. E non solo fa tutto il resto prima di quanto ti aspettassi, ma anche quella piccola cosa, non prioritaria, in tempo zero, e soprattutto prima e meglio del previsto. Quella collega a cui non devi mai ricordare alcun dettaglio, e che talvolta ti sorprende mostrandoti qualcosa che nessuno ha chiesto, nessuno ha voluto o pensato. Ma lei sì. Quel ragazzo che vuole sapere di più, chiede di fare di più, ascolta di più, propone di più, e si aspetta da se stesso di più di quanto gli altri si aspettino da lui.

Pensiamo a certe aspettative per un compito.

C'è chi farà un lavoro decente.

C'è chi farà un ottimo lavoro. Al di là delle aspettative, non saprete mai quanto e quando ci ha lavorato.

C'è chi farà un lavoro straordinario. Non te l'aspettavi, e ti arriverà come uno schiaffo in faccia. Andrà al di là non solo delle tue aspettative, ma anche della tua immaginazione.

Tutti e tre, un secondo dopo, possono essere fuori a prendere una birra. Uno ha gestito il risultato, uno ha vinto, uno ha vinto impressionando.

Il punto è: quanto pretendiamo da noi stessi?

Il bello è che quello che davvero conta avviene prima, come combinazione tra talento, impegno e occasione. Quindi il «prima» della nostra prestazione segnerà la differenza. Quanto siamo disposti a fare, a dare, a pretendere da noi stessi?

E poi magari si perde. Certo.

Perdere è parte del gioco. E come detto, la sconfitta deve rodere. Tantissimo. Sul momento, però.

Poi dobbiamo girare pagina. In fretta.

A volte si dice «non prenderla sul personale». Ah, sì? Esiste una sconfitta che non è personale?

«Non potevi farci niente...» Ma veramente? E chi doveva?

«Questa partita non è tutto...» Come, non è tutto?

Oggi, è tutto!

Ora è tutto.

In quel momento deve essere tutto!

Poi domani è un altro giorno, domani è un'altra storia.

Si ricomincia.

Oggi è tutto. Domani niente.

Qual è la vittoria più difficile?
La prima, la seconda
o quella dopo l'insuccesso?

«Vincere una volta è un successo,
vincere ripetutamente è una mentalità.»
SCONOSCIUTO

Vincere non è un'equazione lineare. Dopo aver vinto la prima volta non esiste alcuna linearità nella prestazione successiva. Certo, se un tennista ha vinto uno slam è intuitivamente più probabile che ne possa vincere un altro. Se un velocista è stato tre o quattro volte sotto i 9.9 secondi nei 100 metri ci sta che possa ripersi. Riteniamo verosimile che abbia più chance rispetto a un altro atleta che invece non è mai sceso sotto i 10 secondi. Ma non è sicuro, non è matematico e ogni sfida sportiva è una storia a sé.

Per analogia, se uno è particolarmente dotato per le presentazioni è molto probabile che la sua performance sarà consistentemente ad alto livello. Però anche le aspettative cambiano, le tematiche possono creare delle complessità diverse e le domande possono essere più insidiose.

Direi lo stesso per la performance personale in ogni professione: aver ottenuto dei risultati elevati è predittivo di una possibile ripetibilità. Ma non sarà mai una certezza.

Ecco perché ci siamo posti la domanda relativa alla

ripetibilità della performance nello sport, ovvero quanto sia difficile ottenere la prima vittoria rispetto al ripetere il successo in seguito.

John Wooden, un famoso coach di basket americano, vincitore di 10 NCAA in dodici anni (*National College Athletic Association*, chi vive negli Stati Uniti ne conosce l'importanza, anche al di là dell'NBA) che quindi ne sapeva qualcosa del successo e della ripetibilità della vittoria, diceva: «*Winning takes talent, to repeat takes character*» («Vincere richiede talento, ripetersi richiede carattere»). La frase mi ha colpito molto, perché mi sembra quasi naturale pensare che si possa vincere e sfondare la prima volta attraverso le qualità personali o di squadra, senza particolari aspettative. Ma in seguito, quando diventi un target, in quanto campione in carica, e quindi sei l'atleta o la squadra da battere, si alzano le aspettative e subentra la necessità di sviluppare una nuova forza mentale e di controllo e gestione delle emozioni. Si deve maturare in fretta, mantenendo le motivazioni più alte, ma gestendo un nuovo livello di pressione. Dopotutto, il campione in carica è l'unico che può perdere il proprio status.

Tutti gli altri... non hanno niente da perdere.

USAIN BOLT

È più difficile vincere una seconda o terza volta, è qualcosa di davvero complicato. Ho vinto le mie prime Olimpiadi a Pechino nel 2008. Dopo questo mi sono posto l'obiettivo di ripetere l'impresa a Londra nel 2012. E poi ancora a Rio nel 2016. È qualcosa di cui sono molto orgoglioso.

ALESSANDRO DEL PIERO
Ognuno di questi casi presenta sfide uniche. La prima vittoria è dura a causa dell'inesperienza, la seconda a causa dell'aumento delle aspettative, e la rivincita è difficile perché richiede di superare completamente i fallimenti o i dubbi passati.

RONALDINHO
Non ci sono vittorie facili. Ogni fase della vita e ogni giorno di lavoro presenta gradi di difficoltà e ostacoli sempre nuovi da superare.

PERES JEPCHIRCHIR
È più difficile vincere la prima volta, perché hai ancora la paura di non farcela.

LANCE BRAUMAN
Secondo la mia opinione e la mia esperienza, è più difficile tornare a vincere. A quel punto un atleta ha già raggiunto gli obiettivi originali che si era prefissato; quindi, scavare in profondità per trovare quella spinta interna o quel comportamento vincente per una seconda o terza volta, può essere molto difficile.

NOAH LYLES
Direi che la seconda volta è complicata e tornare a vincere è la cosa più difficile. La prima è la più facile perché nessuno ti mette pressione. Nessuno si aspetta nulla da te. La seconda, invece, la gente ha delle aspettative. Tu stesso hai delle aspettative personali. E con queste subentrano i dubbi: a volte non sai se sarai in grado di replica-

re. Tornare alla vittoria dopo un periodo difficile è molto duro anche mentalmente, perché potresti trovarti in un buco, uno spazio mentale in cui non sei mai stato prima.

GRANT HOLLOWAY
Ogni volta è difficile. La prima volta è come aprire la porta, ma poi tornare a difendere una vittoria è difficile e può diventare durissima. Quello che conta però è presentarsi ogni giorno al meglio, e dare il massimo.

WAYDE VAN NIEKERK
Attualmente sono nella fase di ritorno, e quindi nella ricerca del ritorno alla vittoria. È sicuramente una delle fasi più impegnative della mia vita e della mia carriera. Quindi direi che tornare a vincere è sicuramente estremamente impegnativo, soprattutto se hai già raggiunto quello che è considerato impossibile nei 400 metri di atletica leggera; in più, ripetersi tornando da un infortunio è veramente dura.

ALEIA HOBBS
Direi la seconda volta. La prima volta succede e basta, senza aspettative. La seconda potresti sforzarti troppo per farlo accadere.

NATALIA GUITLER
Tutti i casi presentano enormi difficoltà. La prima volta è difficile perché sai di non avercela mai fatta, e stai lottando per un obiettivo che non hai mai raggiunto.
Anche ripetersi è difficile, ma hai la consapevolezza di esserci già riuscita e quindi puoi farlo ancora.

Shaunae Miller-Uibo
Penso che l'aspetto più impegnativo della vittoria sia continuare ad andare avanti. Il primo successo è sempre il più facile. In quel momento tu sei il perdente. Non hai nulla da perdere ma tantissimo da guadagnare. Ma dopo aver vinto più volte, potrebbe essere difficile mantenere la motivazione o lo spirito competitivo. Ecco perché credo che sia bene fissare nuovi obiettivi dopo averne raggiunto uno grande. Mantiene le cose eccitanti e divertenti e rende la vittoria di nuovo molto più dolce.

Xavi
Parlando da giocatore, credo che sia più impegnativo vincere per la prima volta perché ti dà, come individuo e come squadra, la fiducia e il rispetto degli altri per vincere una seconda o terza volta.
Tuttavia, come allenatore, sto anche sperimentando quanto sia difficile tornare a vincere dopo un periodo molto difficile, con una crisi sportiva ed economica importante. Anche se potrebbe sembrare un cliché, è vero quanto sia facile distruggere, ma difficile ricostruire.

Kaká
Rimanere in cima è altrettanto difficile o più difficile che arrivarci. Quando sei al livello più alto sei il bersaglio di tutti, sei al centro dell'attenzione, sei il traguardo da raggiungere.

Stan Smith
La prima volta penso sia la più difficile. Sfondare è dif-

ficile, è una sorta di territorio inesplorato. Non sai se puoi farlo finché non lo fai.

FELIPE SCOLARI
Per quanto riguarda il gioco in sé, non c'è vittoria fino a quando il gioco non è finito. Devi giocare e competere tutto il tempo. Non c'è niente di facile.

IAN THORPE
La prima volta che si vince è sicuramente la più facile. Dico alla gente che se sei un fan dello sport sostieni sempre il campione, se sei un fan del gioco d'azzardo sostieni lo sfavorito. Lo sfavorito non ha alcuna pressione su di lui e può fare qualsiasi cosa senza aspettative. Quando sei il campione subisci maggiori aspettative, più pressione, devi fare di più per arrivare al traguardo mentre tutti gli altri vogliono batterti.

ROBERTO MANCINI
È sempre difficile vincere. Ovunque. Quindi tutte le vittorie sono belle. Io penso che sia addirittura più difficile riconfermarsi perché una vittoria può anche avvenire per una serie di casualità, ma quando diventano tante allora vuol dire che le qualità le hai. Però le vittorie sono tutte belle, anche quelle che sembrano le più semplici. Bisogna comunque ricordarle tutte con grande amore.

ARRIGO SACCHI
Io sono sempre partito male perché ogni volta ho provato da subito a far giocare la squadra in un certo modo. Poi quando il metodo e i concetti venivano assorbi-

ti e arrivava lo stato di forma abbiamo sempre fatto molto bene, fino a diventare irresistibili. Quindi per me ogni inizio è sempre stato più difficile.
Ricordo che una volta, dopo la sconfitta con l'Espanyol per 2-0, Berlusconi mi chiese se avessi bisogno di supporto e io gli dissi di sì. Allora venne al centro tecnico. Atterrò con l'elicottero e invece di venire nello spogliatoio chiamò tutti nella saletta accanto al suo studio. Lui poteva fare discorsi molto belli e articolati ma quella volta disse a tutti solamente queste parole: «Buongiorno, io ho la totale fiducia in Arrigo. Chi di voi lo seguirà rimarrà, chi non lo seguirà se ne andrà. Buon lavoro». In pochi secondi, una lezione che avrebbe avuto effetti sull'intera stagione: sul campo, non perdemmo più una partita.

SERGIO GARCÍA FERNÁNDEZ
È più difficile tornare a vincere, perché si creano molti più dubbi sul fatto che uno abbia o meno la capacità di riconfermarsi.

COREY SEAGER
Non penso che una cosa sia mai più facile dell'altra. Vincere è sempre difficile e va guadagnato. Nessuno ti permetterà mai di prendere qualcosa, nessuno ti lascerà passare e nessuno ti renderà il percorso facile.

Esiste una certa convergenza nel considerare il ripetersi (nella vittoria) più difficile del vincere la prima volta. Questo per via delle pressioni e aspettative che si posano su chi ha già un *track record* di successo, e quindi il trionfo precedente viene automaticamente considerato un nuovo livello di partenza. Questo porta pressione aggiuntiva sia sulla prestazione fisica sia sullo stato mentale, considerate le aspettative. Al contrario la prima vittoria nasce sempre, per definizione, da *underdog*, da sfidante, e quindi c'è poco da perdere. Se sei il campione, invece, sei l'unico che può deporre il proprio titolo, che per te è tutto.

Le aspettative si configurano come un macigno da sostenere. Vincere è bellissimo, ma più si vince e più diventa normale, a differenza della straordinarietà della prima volta. Tutto questo ha un che di paradossale perché, secondo questa logica, mentre la prima vittoria rimane straordinaria, le successive diventano sempre più normali. E la pressione creata dall'aumento delle aspettative è un peso che non tutti gli atleti riescono a sostenere: implica infatti un importante lavoro mentale, che si aggiunge a tutto quello che ci si deve aspettare nella preparazione di un atleta.

Nel caso delle Olimpiadi, in cui la difesa della medaglia d'oro è un episodio rarissimo, la paura di perdere diventa anche un tema importante nella psicologia di gestione delle gare.

Quindi risulta opinione comune che la difesa del titolo sia più difficile, ed effettivamente rara, perché comporta non solo la necessità di mantenere o migliorare il proprio livello di competitività, ma anche di affrontare una serie di sfide psicologiche, motivazionali e tattiche che non erano presenti al momento della prima vittoria.

In tante professioni diverse avviene lo stesso, al punto che fa notizia più il fallimento rispetto alla ripetizione, perché la ripetizione è data per scontata, come se fosse nella norma. Un'azienda finanziariamente solida e in crescita fa notizia quando rallenta o recede. I grandi manager, con cinque o sei anni di crescita consistente alle spalle, vengono licenziati dopo sei mesi di risultati mediocri. Funziona così. È il gioco delle aspettative.

Vincere può succedere.

Confermarsi va fatto succedere.

Suona simile, ma cambia tutto.

È interessante comunque osservare, nelle parole di Peres Jepchirchir, che finché non hai vinto una volta non sai se puoi davvero farcela. Questo in una disciplina come la maratona è decisamente molto rilevante. Ma direi lo stesso per gli allenatori di club. Infatti, alcuni non vinceranno mai. Altri vincono a ripetizione. Raro che qualcuno vinca una e una sola volta.

Nell'ambito professionale, la prima volta è sempre molto dura. La prima grande presentazione, il primo incontro di un certo livello, la prima volta che si tenta di realizzare un progetto complicato. Direi che in quel caso ripetersi è favorito dall'esperienza professionale che, insieme al talento e all'impegno, ha una correlazione abbastanza diretta con il risultato. La ventesima presentazione plenaria ha decisamente meno impatto emotivo rispetto alla prima, come il secondo incarico in ruoli simili è forse più facile per un professionista navigato. La ventesima gara dei 200 metri o la terza finale di Champions League, invece, forse saranno un po' meno stressanti, ma restano un completo enigma. È sempre come una prima volta.

Oltre al carattere, per ripetersi, serve anche grande attenzione a quello che si è imparato nel percorso positivo verso la prima vittoria. Essere orientati al miglioramento continuo è indispensabile nel processo di crescita, ma attenzione, ci potrebbe portare a focalizzare l'attenzione solo su quello che non va bene e che va cambiato. Invece l'obiettivo di ripetersi richiede grande attenzione critica anche verso tutto quello che ha funzionato nel raggiungere il successo la prima volta, e che va mantenuto. È indispensabile ripartire dalla comprensione del successo, dal mantenimento di ciò che ha funzionato, al fine di costruire un trionfo ancora più grande.

Qualcuno ha detto che «*Success inspires success*», ovvero «Il successo ispira il successo».

Non si impara solo dai fallimenti, ma anche dai successi.

Può cambiare il momento, possono cambiare le circostanze, quindi le variabili.

Ma non cambia l'equazione, fondata sul nostro approccio mentale e sulla nostra attitudine.

Qualità fisiche o qualità mentali?

«Non basta avere un corpo forte,
è la mente che trasforma il potenziale fisico o tecnico
in risultati che rimangono nel tempo.»
SCONOSCIUTO

Proviamo a sezionare l'atomo. Qualcosa di apparentemente indivisibile, frutto di forze di attrazione fortissime che per natura non sono separabili.

Anche le qualità di un atleta, sia mentali che fisiche, vivono in grande simbiosi e rimane da chiedersi se sia nato prima l'uovo o la gallina.

Nel farlo ci interessa capire non solo l'importanza, ma anche la corrispondenza e la reciprocità di tali forze, o qualità.

Resistenza, forza muscolare, velocità, flessibilità, coordinazione, potenza. Il corpo.

Concentrazione, resilienza, motivazione, gestione dello stress, autocontrollo, visualizzazione. La mente.

In apparenza le due dimensioni o insiemi di forze appaiono separate e distinte. In effetti possono essere esercitate e sviluppate in maniera indipendente.

Ma se si influenzassero a vicenda, come quando in *Star Wars* la concentrazione dello jedi poteva sfociare in una forza fisica soprannaturale tanto da muovere oggetti o addirittura spostare delle navi spaziali?

Un atleta può essere fisicamente in forma, ma senza

la giusta preparazione mentale potrebbe non essere in grado di esprimere al meglio il proprio potenziale. Allo stesso modo, un atleta mentalmente forte può compensare alcune lacune fisiche, soprattutto in situazioni di alta pressione.

La sinergia tra questi due aspetti potrebbe essere cruciale per il raggiungimento delle massime prestazioni, ma quale viene prima? Che una sia più importante o determinante dell'altra?

Cosa avviene quando un giocatore di tennis recupera una partita praticamente persa, annullando due match point per l'avversario e andando a vincere al quinto set?

Succede, ma perché succede? Quando succede? E come succede?

Quanto conta il fisico e quanto la mente? Ma soprattutto, quale delle due qualità è più allenabile per massimizzare il potenziale?

USAIN BOLT
Entrambe sono importanti. Non puoi avere successo se non hai entrambe.

ALESSANDRO DEL PIERO
Entrambe sono essenziali, ma spesso sono le qualità mentali a determinare quanto bene vengono utilizzate le qualità fisiche, soprattutto sotto pressione.

RONALDINHO
Nessuna abilità fisica può eccellere se non c'è forza mentale.

LANCE BRAUMAN

Vanno di pari passo... C'è un motivo per cui i più grandi atleti sono etichettati come «il pacchetto completo».

NOAH LYLES

Il fisico è facile da ottenere. Più ti alleni e più il tuo corpo si sviluppa. Ma se la tua mente non è forte, potrai anche essere il miglior atleta del mondo, ma non appena calpesti quella linea subentrano fattori che vanno molto al di là di quello fisico, e rischierai di perdere anche solo perché non avrai la forza, la fiducia o la mentalità necessaria per poter vincere la gara.

GRANT HOLLOWAY

Sulle qualità fisiche c'è sempre qualcuno che può lavorare più duramente di qualcun altro, e io voglio sempre essere quel qualcuno che lavora più duro. Le qualità mentali aiutano a mantenerti fiducioso e coerente, a dare il massimo nel momento giusto.

WAYDE VAN NIEKERK

Come sportivo la tua qualità fisica viene naturale. Quindi, sembra un gioco da ragazzi. Invece sul piano mentale le cose cambiano continuamente e lo sforzo talvolta è molto superiore a quello fisico. Quindi penso che la cosa più impegnativa sia il lato mentale.

ALEIA HOBBS

Penso che la mente sia più importante, talvolta anche in relazione alla gestione del tuo corpo e degli infortuni. A volte con il giusto approccio mentale si possono superare tanti problemi fisici che potrebbero rallentarti.

NATALIA GUITLER
Entrambe vanno insieme alla ricerca dell'eccellenza e del posto più alto del podio. Ed è importante mantenere un bilanciamento e una crescita costante di entrambe. Se un fattore prevale sull'altro a un certo punto si sentono la differenza e lo squilibrio. Oggi dopo tanti anni lo capisco sempre di più e lavoro su entrambi alla stessa intensità!

RIVALDO
Entrambe sono molto importanti per diventare vincenti. Non si possono trascurare né le une né le altre.

SHAUNAE MILLER-UIBO
Penso che entrambe siano ugualmente importanti per essere al livello di un atleta professionista. Ci deve essere una sorta di talento fisico ma è importante assicurarsi di essere in ottima forma per gestire i carichi di allenamento. Ma allenarsi è solo la metà del percorso, il lato mentale è quello più importante specialmente quando si tratta di competere, per questo ho sempre detto che devi divertirti nel farlo. Quando poi hai svolto tutto il duro lavoro al meglio allora la giornata di gara, almeno per me, è la più facile perché l'unica cosa che resta da fare è la parte divertente, e cioè competere.

XAVI
Qualità mentali, senza dubbio. Anche in questo caso, senza alcune qualità fisiche minime, non si va da nessu-

na parte, ma guardatemi: non sono alto, non sono mai stato veloce o forte, ma quello che mi ha sempre dato un vantaggio è stato capire bene il gioco, sapere dove dovevo essere in ogni momento, dove erano i miei compagni prima di ricevere la palla, come usare gli spazi o liberare i compagni… e soprattutto, la forza mentale per competere a livello d'élite e far fronte alla pressione che deriva dal giocare davanti a novantamila persone o in una finale di Coppa del mondo. La mente davanti al fisico, senza dubbio.

KAKÁ
Entrambe sono fondamentali e devono essere coltivate allo stesso modo. Diversi sport, tra cui il calcio, si concentrano molto sul fisico e a volte dimenticano un po' il lato mentale, ma le due cose vanno sempre insieme nella ricerca del successo.

STAN SMITH
Dipende dal livello di cui stai parlando. A un livello molto, molto alto, tutti gli atleti sono piuttosto talentuosi, fiscalmente talentuosi, ma le qualità mentali fanno la differenza e selezionano i migliori giocatori. Pensiamo ai tre che hanno dominato gli ultimi quindici, vent'anni: Federer, Nadal, Djokovic. Hanno una forza mentale straordinaria, come è eccezionale la spinta interiore a ottenere il massimo dal loro talento. Oggi non puoi arrivare in cima a meno che tu non sia davvero in forma fisicamente; quindi, la capacità fisica deve essere un dato di fatto, una condizione di base per tutti, mentre la sfera mentale è quella che fa la differenza.

Felipe Scolari
Nello sport, hai bisogno di entrambe. Il corpo deve essere al massimo, ma senza una mentalità competitiva non andrai da nessuna parte. Anche viceversa, essere mentalmente forti ma senza preparazione fisica adeguata, non ti porta alla fine della partita e al massimo rendimento possibile.

Ian Thorpe
Quando si arriva a un livello di sport d'élite, le qualità fisiche e mentali variano nel grado di importanza in momenti diversi. Entrambe devono essere al massimo allo stesso tempo, ma devi anche essere in grado di lavorare con ciò che hai naturalmente. A volte sei alle prese con un infortunio, quindi devi compensare fisicamente in un'area diversa del tuo corpo, e devi essere in grado di superarlo mentalmente, in modo da essere ancora pronto a dare il meglio di te.

Roberto Mancini
Sono importanti le qualità mentali perché ti aiutano a lavorare di più, a impegnarti di più, a sacrificarti, ad allenarti meglio. Se mentalmente sei debole, nei momenti difficili poi fai fatica. Quindi sicuramente le qualità mentali, in primo luogo, e poi quelle fisiche, che possono migliorare moltissimo nel tempo.

Arrigo Sacchi
Mentali. L'approccio mentale è tutto. È quello che trasforma un talento in un campione ed è quello che rende un giocatore un grande giocatore di squadra.

Sergio García Fernández
Vanno entrambe di pari passo. Ma se hai una grande forza mentale allora hai un grandissimo vantaggio.

Corey Seager
Penso che entrambe siano ugualmente importanti. Devi essere in grado di garantire una grande prestazione fisica nei momenti più importanti. Ma devi anche essere capace di gestire il momento e non lasciarti sopraffare. È indispensabile gestire il proprio stato mentale per poter sfruttare il tuo talento fisico.

Entrambe le qualità, fisiche e mentali, sono determinanti. Non c'è dubbio. Ma dai pareri dei campioni si evince che le qualità mentali sono considerate più determinanti rispetto a quelle fisiche.

In effetti è comprensibile che prima di allenarsi, bisogna volerlo fare. Per allenarsi bene bisogna avere la giusta volontà. Per creare superiorità fisica (rispetto a un altro), sono necessari un impegno e un'intensità mentale superiore (rispetto all'altro).

Inoltre, pare anche evidente che da una parte le qualità fisiche si possono allenare e sviluppare con la pratica, ma fino a un certo punto, legato alla capacità fisica individuale. L'hardware è quello che è, e dipende dalla predisposizione genetica. Si può ampliare, ma fino a un certo punto.

Dall'altra parte, invece, le qualità mentali sono radicate nel comportamento naturale, nelle abitudini, e soprattutto nella propria attitudine verso le cose, verso il proprio lavoro, e anche verso la vita. Sono sviluppabili, sì, e in teoria lo sono in maniera illimitata, perché illimitata è la capacità della nostra mente di adattarsi, di migliorarsi e di evolvere. Il software, la mente, si può aggiornare, i comportamenti si possono cambiare, l'attitudine si può sviluppare.

A certi livelli, nello sport, si deve anche dare per scontato che le fondamenta fisiche siano sempre presenti; quindi, l'aspetto mentale diventa molto spesso la discriminante nella prestazione complessiva.

Mentre le qualità fisiche si configurano come la base e le fondamenta visibili del successo, dunque sono il telaio di una macchina, le qualità mentali invece ne sono il motore e l'elettronica invisibile. Mentre il corpo compie l'azione, è la mente che decide, persevera e supera gli ostacoli. La concentrazione ti mantiene presente, la resilienza ti fa rialzare dopo ogni caduta, e la motivazione ti spinge a dare il massimo quando il corpo è stanco. Il coraggio e la determinazione ti portano a quel passo in più, quel decimo di secondo in meno.

Le qualità mentali trasformano le capacità fisiche in risultati concreti. Mentre la preparazione fisica ti dà la forza, la velocità e la resistenza necessarie per competere, sono le qualità mentali che determinano come e quando utilizzare queste risorse al massimo.

In momenti di alta pressione, come una finale o un match punto a punto, la mente diventa il fattore decisivo.

È la concentrazione a permetterti di eseguire il gesto giusto al momento giusto, è la resilienza a farti superare la fatica e le difficoltà, mentre l'autocontrollo ti mantiene calmo sotto stress.

La buona notizia è che la mente possiede senz'altro delle predisposizioni, una sorta di settaggio preimpostato, ma si può aggiornare nella misura in cui esista la volontà di farlo. Dipende totalmente da noi.

Possiamo decidere quanto osservare gli altri e i loro comportamenti per migliorarci, nello sport, nel lavoro e nella vita. Dipende da noi.

Possiamo decidere di limitare la nostra reattività in certe circostanze, che ci portano a dire quelle cose di cui ci pentiamo un decimo di secondo dopo averle pronunciate.

Possiamo decidere di sorridere di più per creare un ambiente più sereno, nonostante le nostre preoccupazioni.

Possiamo decidere di dedicare le nostre forze per uno scopo, o per una missione, o per una nuova sfida se riteniamo di aver completato il nostro percorso attuale. Perché le porte che si aprono davanti sono sempre più di quelle che si chiudono dietro.

Possiamo decidere di essere più positivi in un momento di difficoltà.

Possiamo decidere di evitare conflitti o battaglie inutili.

La vera forza non risiede solo nei muscoli, ma nella capacità della mente di trasformare ogni sfida in un'opportunità per crescere.

È la mente che trasforma il talento in vittoria.

Hai un rituale? Quale e perché?

«Gli atleti di successo non sono solo preparati fisicamente
ma anche mentalmente.
I rituali sono strumenti di preparazione mentale
che canalizzano l'energia fisica.
Un ponte tra il corpo e la mente.»
SCONOSCIUTO

I rituali sono una serie di azioni, gesti o comportamenti ripetuti in modo regolare, seguendo un ordine specifico, spesso con un significato simbolico o anche pratico, e possono avere lo scopo di dare un senso di stabilità e concentrazione, ma anche di propiziare buoni eventi futuri.

Rafa Nadal, uno dei più grandi giocatori di tennis della storia, era solito mostrare delle routine molto evidenti. Alcuni le consideravano veri e propri tic. Sia prima del servizio, un momento in cui il giocatore deve resettare tutte le emozioni scaturite dal punto precedente, sia quando sedeva nei momenti di riposo tra i vari game. Una volta disse, descrivendo quei frangenti: «Un sorso da una bottiglia, e uno da un'altra. Poi sistemo con ordine le due bottiglie ai miei piedi, alla sinistra della sedia, una dietro all'altra, rivolte diagonalmente verso il campo. Alcuni la chiamano superstizione, ma non lo è. Se fosse superstizione, perché continuerei a fare le stesse cose anche dopo aver perso? È solo il mio modo di entrare in partita: mettere in ordine ciò che mi circonda mi aiuta a fare ordine nella mia testa».

Jannik Sinner fa rimbalzare la pallina cinque volte al primo servizio, e quattro al secondo.

A me piaceva suonare il piano tutte le sere prima degli esami dell'università. Mi rilassava. In genere, prima la *Sonata al chiaro di luna* di Beethoven, un esercizio di disciplina, a memoria, e poi qualcosa di mia invenzione, ogni volta diverso, un esercizio di libertà creativa che lasciava spazio al mio modo di sentire. Meglio lo suonavo, e più mi sentivo fiducioso nella preparazione del mio esame, carico di sensazioni positive.

A calcio, poi, mi allacciavo le scarpe sempre in campo, dopo aver dato i primi calci di riscaldamento, perché chinandomi sulle scarpe potevo annusare l'odore dell'erba, che nel mio vissuto ha sempre rappresentato tanto e mi ha sempre evocato grandi emozioni (succede ancora oggi, quando muovo anche solo pochi passi sul terreno in cui di lì a poco giocherà mio figlio, il mio bomber!).

Era un modo di tracciare una linea temporale e spaziale: si entrava in un tempo dedicato al calcio, uno spazio che lo delimitava e rappresentava. Quello era tutto il mio mondo per novanta minuti più recupero... e tutto il resto fuori. Ancora oggi non riesco a fare a meno di questo rito dell'allacciarmi le scarpe dentro al campo, qualunque sport io pratichi... e qualsiasi sia il campo, da tennis, una strada asfaltata per la corsa, o una pista da sci. E ancora oggi, nell'attesa del primo meeting della giornata, mi tirerò su le maniche lunghe della maglietta, o della felpa, per tracciare ancora quella linea.

Sono pratiche potenti che, attraverso la loro ripetizione e il significato che a esse attribuiamo, influenzano il comportamento, le emozioni e lo stato mentale di chi le pratica.

Sono confortanti, rassicuranti, propiziatorie, e ognuno può dare loro il senso che preferisce. Che sia giusto o sbagliato, vero o falso, non ha alcuna importanza.

Funzionano come interruttori della mente e dello spirito.

Trasformano l'ordinario in straordinario, preparandoci a vincere ogni sfida.

Trasformandoci negli eroi di noi stessi.

USAIN BOLT
No, non ho davvero alcun rituale.

ALESSANDRO DEL PIERO
Sì, ho un rituale prima delle partite che prevede preparazione mentale, visualizzazione e riscaldamento specifico di routine per ottimizzare le prestazioni.

RONALDINHO
No, non avevo rituali quando giocavo.

PERES JEPCHIRCHIR
Sono cristiana e credo in Dio. Non ho altri rituali.

NOAH LYLES
Penso che il mio unico rituale, sinceramente, sia la visualizzazione della gara. Gli altri, come l'essere preparato o idratato, non li chiamerei rituali, ma normali fasi preliminari. Credo che il rituale sia qualcosa che le per-

sone fanno senza che abbia per forza un vero significato. A mio avviso, se non stai visualizzando la gara, allora non sei davvero pronto per competere.

GRANT HOLLOWAY
No, nessun rituale, solo duro lavoro. Cerco di rimanere coerente e fiducioso, questa è la cosa più importante per me.

ALEIA HOBBS
No. Non ne ho. In un certo senso seguo il flusso.

NATALIA GUITLER
Sì, il mio più grande rituale di oggi è il riscaldamento prepartita, sempre lo stesso. Poi durante il gioco bacio sempre il fiocco rosso che indosso sul braccio, simbolo di protezione ed energia, per benedirmi al momento della partita.

RIVALDO
Mi è sempre piaciuto e tuttora mi piace ringraziare Dio ogni giorno. La preghiera fa parte della mia vita quotidiana.

SHAUNAE MILLER-UIBO
Non ho un vero e proprio rituale, ma parlo sempre con Dio durante il mio riscaldamento e mentre sono in pista, poco prima di iniziare la mia gara, sono contenta di lasciarmi andare e abbandonarmi completamente a Lui. E non importa il risultato, sarò sempre grata in ogni caso.

XAVI
No, non proprio.

KAKÁ
Non ho un rituale. Ho una fede e cerco sempre di studiare, capire e seguire ciò in cui credo.

STAN SMITH
Sì, un rituale a cui non ho nemmeno pensato fino a quando non sono diventato più coinvolto come coach è stata la mia routine prima del servizio. Facevo rimbalzare la palla due volte prima della prima di servizio. Quindi, il mio rituale era far rimbalzare la palla, fermandomi per visualizzare dove la avrei indirizzata.
Infatti una volta è successa una cosa divertente. Mi stavo allenando con Bob Lutz, il mio partner di doppio, entrambi ci stavamo riscaldando per le partite di singolare, ma lo facevamo insieme. Io stavo servendo alla grande e lui rispondeva ancora meglio.
Così, ho urlato dall'altra parte del campo: «Bob, sto servendo alla grande, ma come fai a rispondere così bene?». E lui: «Be', stai guardando dove stai per servire ogni singola volta, e quindi so dove andrà la palla». Così ho detto: «Be', Bob, da quanto tempo lo faccio?». E lui: «Da circa dieci anni». Ho concluso: «Grazie! Grazie mille per avermelo fatto sapere ora!».
Seguivo una routine anche nel riscaldamento prepartita. E certe superstizioni, come utilizzare sempre lo stesso armadietto quando arrivavo in uno spogliatoio, a meno che non fossero assegnati; usavo la stessa doccia e cose del genere... un po' stravaganti.

FELIPE SCOLARI
Dico le mie preghiere prima delle partite, mantengo sempre la mia fede.

ROBERTO MANCINI
Sì, avevo rituali quando ero più giovane, le solite cose tipo le scarpe allacciate allo stesso modo, entrare in campo con lo stesso piede o fare le stesse cose la sera prima della partita.

ARRIGO SACCHI
No. Nessun rituale. Ma molti dei miei giocatori ne avevano.

SERGIO GARCÍA FERNÁNDEZ
No.

Non esiste consistenza nei rituali, e non esistono metodi, strutture o equazioni.

Non c'è né ragione né logica.

Alcuni ne hanno, altri no.

Dei sedici campioni con cui abbiamo parlato di questo tema, per esempio, metà hanno un rituale, l'altra metà no. Alcuni li usano come transizione per entrare nella propria zona di concentrazione, altri per riempire lo spirito.

Io credo che i rituali, nonostante una natura casuale e il loro essere alquanto naïve, abbiano un effetto profondo e positivo sul nostro spirito, poiché creano connessione, significato e un senso di sicurezza interiore.

Sì, sono semplici abitudini... e abitudini semplici, ma anche strumenti potenti che preparano l'atleta a eccellere. Creano le condizioni mentali per la prestazione migliore, collegano la mente e il corpo in una armonia che consente di entrare in una zona di benessere e intensità propria. In ogni rituale si risveglia una spinta motivazionale che aiuta gli atleti a superare le proprie paure, a brillare sotto pressione e a trasformare ogni sfida in un'opportunità per eccellere.

Ma funzionano anche come una promessa che facciamo a noi stessi, un credo volto ad aiutarci a superare la pressione. Il vero potere dei rituali sta nella loro capacità di trasformare l'incertezza in chiarezza, la paura in forza. Creano una transizione netta tra la preparazione e il momento della verità, concentrando tutte le energie nell'istante che conta.

Fungono da interruttore per massimizzare la concentrazione, come a dire: ora, o mai più.

Se dovessi dare tre suggerimenti a un giovane atleta di talento, quali sarebbero?

«Il successo non è un caso.
È duro lavoro, perseveranza,
apprendimento, studio, sacrificio e, soprattutto,
amore per ciò che stai facendo o imparando a fare.»
PELÉ

Le nuove generazioni, diversamente dalla mia, sono nate con tutto il mondo «on demand».

Possono chiamare o videochiamare dappertutto in ogni istante. Ordinare un prodotto da qualsiasi negozio, fornitore o sito in qualunque Paese e riceverlo ovunque. Talvolta in poche ore.

Possono vedere qualsiasi tipo di contenuto creato in qualsiasi parte del pianeta in tempo reale. Possono accedere, scaricare e visualizzare qualsiasi film su qualsiasi dispositivo, in qualsiasi istante. Possono guardare, fermare, o mettere in pausa.

È semplicemente tutto sotto il loro controllo.

Io ricordo quando mi pianificavo il pomeriggio tra compiti a casa e partite con gli amici per essere puntuale alla tv, esclusivamente live, per vedere il nuovo episodio di *Holly e Benji*.

Non si metteva in pausa.

Non si fermava.

E il cartone non ti aspettava.

Era lì, in quel momento.

O mai più.

Tutto era un po' più complicato: bisognava impegnarsi per ottenere anche la cosa più semplice. Anche girare i negozi per comprarsi le scarpe nuove, e magari andare in cinque posti diversi perché non avevano il numero giusto delle Adidas World Cup. Ci si doveva organizzare per tutto. Oggi, ti colleghi e le ordini con un *click*. Non devi neanche uscire di casa.

Per le vacanze non esistevano i voli low cost e si girava l'Europa zaino in spalla con il treno. Non c'erano Ryanair o EasyJet, ma l'Interrail, una specie di abbonamento per tutto il continente su treni di seconda classe. Tanta umanità, poca programmazione, moltissimo sbattimento, sudore e pazienza.

Per guardare la tv (tutto live, non registrabile, fino al 1985 circa), per andare al cinema a vedere un film, sperando di trovare posto e non fare la coda invano.

Quindi ci si abituava alle piccole vittorie, alle conquiste della giornata, che di valore ne avevano pochissimo ma ti davano la sensazione di aver fatto qualcosa.... per ottenere qualcosa.

Non si otteneva mai niente per niente.

Che è un po' la sostanza dello sport, ma pure della vita.

Anch'io mi ritrovavo in uno scontro generazionale quando mio padre mi ricordava che andava a scuola salendo su un camion con i soldati che passavano regolarmente dalla sua zona alle 5:30 della mattina. Erano tempi di guerra. Il ritorno? A piedi, dodici chilometri. Io invece andavo in scooter, o prima dei quattordici anni avevo la scocciatura di prendere un autobus per sole tre fermate... poi, sapete com'è, ho voluto anche lo scooter...

Quindi non rivangherei la questione del camion dei soldati con i miei figli, che già alla parola «camion» percepiscono scomodità e lentezza, e della guerra sanno, per fortuna, troppo poco.

Ma l'educazione attuale, sacrificata sull'altare del «tutto, sempre, ora e on demand» ha creato la mis-interpretazione che anche il mondo sia a nostra disposizione. Che il «fare per avere» sia un concetto antico e ingiusto. Tutto è dovuto. La promozione è dovuta (sì, ma i tuoi risultati?), la prestazione è dovuta (sì, ma la tua preparazione?), e se ho lavorato tanto allora merito un buon voto (sì, ma quante risposte giuste hai totalizzato?).

Questo ha anche creato una forma di separazione tra la propria volontà e la propria prestazione individuale rispetto agli altri.

Non solo tutto è dovuto. Ma lo è a prescindere dal tuo contesto competitivo. Quindi sempre in relazione alle domande precedenti, ma con l'aggiunta ora del contesto competitivo: la promozione è dovuta (sì, ma i tuoi colleghi più bravi e con risultati migliori di te?), la prestazione è dovuta (sì, ma la tua preparazione rispetto a quella dei tuoi avversari?), e se ho lavorato tanto allora merito un buon voto (sì, ma quante risposte giuste hai totalizzato, e rispetto ai tuoi compagni di classe?).

Il fatto è che il mondo, come lo sport, non lo metti in pausa. I risultati non sono «on demand».

Non esiste nessun privilegio prima del traguardo o prima del triplo fischio.

Non esiste alcun merito prima del risultato.

Non esistono medaglie già assegnate.

Non si ordina la vittoria con l'app.

E nemmeno la promozione.

Il successo nello sport è un continuo equilibrio tra passione, impegno e preparazione. La volontà personale e l'apprendimento continuo sono alla base di ogni miglioramento e di ogni progresso, alimentati da una profonda passione che spinge gli atleti a dare il massimo in ogni occasione. E come gli atleti anche tutti i professionisti. E tutti i mariti, le mogli, i genitori e gli amici.

Il divertimento mantiene vivo l'entusiasmo, mentre l'allenamento costante rafforza la tecnica di base e affina le abilità. La concentrazione e la voglia di vincere guidano ogni azione, sostenute dalla convinzione in se stessi e nel processo.

Il rispetto per se stessi, per gli avversari e per il gioco è essenziale, così come la capacità di superare gli ostacoli e gestire la pressione nelle situazioni critiche. La disciplina e la determinazione sono i pilastri che sostengono la preparazione mentale, mentre il lavoro di squadra potenzia gli sforzi individuali, trasformandoli in successo collettivo. Credere nel processo e nella propria capacità di crescere e migliorare è ciò che alla fine conduce alla vittoria.

USAIN BOLT
Parlo molto con i giovani atleti e dico sempre loro di lavorare sodo, divertirsi e avere intorno a sé brave persone.

ALESSANDRO DEL PIERO
Concentrati sull'apprendimento e sul miglioramento continuo.

Mantieni una vita equilibrata.
Non perdere mai di vista l'amore e passione per lo sport.

RONALDINHO
Non dimenticare le tue origini.
Vivi la vita e lavora con gioia.
La tua più grande ricompensa sarà la felicità degli altri.

PERES JEPCHIRCHIR
Sii disciplinati.
Sii paziente.
Credi in te stesso.
Ma serve anche tanto duro lavoro!

LANCE BRAUMAN
Dai sempre il massimo.
Segui la tua strada.
Rappresenta te stesso, la tua famiglia e la tua comunità al meglio delle tue capacità.

GRANT HOLLOWAY
Rimani coerente dentro e fuori la pista.
Rimani «*coachable*», mantieni umiltà.
Circondati di un gruppo positivo.

NATALIA GUITLER
Scegli molto bene quello che vuoi fare e dedicatici appieno.
Dopo aver scelto, dona tutta la tua energia, passione e vita per realizzarlo.

Non dimenticare mai di divertirti e di essere felice nel viaggio che scegli!

RIVALDO
Allenati duramente.
Rimani sempre concentrato.
Mantieni una grande voglia di vincere perché il talento da solo non basta per diventare un grande giocatore.

XAVI
Lavora ogni giorno come se fosse l'ultimo, imparando al massimo da ciascuno dei tuoi allenatori.
Non smettere mai di credere in te stesso.
Mostra sempre rispetto per i tuoi compagni di squadra e avversari.

KAKÁ
Circondati di persone che vogliono il meglio per te, ti ricordano da dove vieni e ti tengono con i piedi per terra.
Mantieni sempre un obiettivo, dedicati completamente a esso e non avere presunzione quando lo raggiungi, poni una nuova sfida e ricomincia da capo.
Preparati a gestire la pressione e cerca aiuto quando è difficile fronteggiare ogni cosa. Tutti abbiamo paure, tutti abbiamo insicurezze e ansie che, se ben affrontate, possono aiutarci a superare gli ostacoli e andare avanti.

STAN SMITH
Stabilisci, il prima possibile, fondamentali tecnici veramente buoni. Ho visto molti giocatori nella loro carriera apportare costantemente cambiamenti al loro gioco

relativamente grandi come cambi di presa e cose del genere. I buoni fondamentali sono una pratica importante con uno scopo.

Allenati con massima concentrazione e avendo un obiettivo per ogni singolo colpo. Ogni volta che colpisci la palla, stai cercando di fare qualcosa, potresti cercare di mirare a un particolare bersaglio vicino alla linea di fondo. Potresti cercare di colpirlo forte. Potresti cercare di colpirlo dolcemente. Potresti cercare di variare i tuoi colpi. Devi sfruttare al massimo il tuo tempo in campo, non stai solo colpendo le palle per quattro ore. Alcuni pensano che giocando quattro ore al giorno, diventeranno grandi giocatori. Se giochi quattro ore al giorno e colpisci la palla a caso ogni volta, poi quando conta davvero, quando vuoi colpire quella palla lungo la linea, a due pollici dalla linea, per un colpo di passaggio o per servire nell'angolo in un certo punto, non avrai fiducia. Ma se ti eserciti con uno scopo, puoi farlo. Ciò consentirà di farlo. Quindi questa è la seconda cosa.

La terza cosa è godersi il processo. Il miglior esempio secondo me in questo momento, almeno visivamente, è Alcaraz. Trasuda gioia per il gioco. E mi sembra che gli piaccia il processo di crescita e che farà bene. Ha un talento incredibile e un grande allenatore. Conosce le sue debolezze e i suoi punti di forza, e ci sta lavorando su. Quindi è molto determinato.

Felipe Scolari

Sii disciplinato.

Abbi grande dedizione e determinazione.

Partecipa attivamente a un gruppo e sii sempre preparato sul piano fisico e mentale.
La carriera di un atleta professionista è breve. Dura circa quindici anni. Non c'è tempo da perdere.

IAN THORPE
Scopri il prima possibile cosa c'è nel tuo sport che ami davvero e che diventa la parte più importante di ciò che fai. Per me è stato trovare il modo in cui ero in grado di muovermi nell'acqua, in una maniera diversa da tutti gli altri.
In secondo luogo, ascolta il tuo allenatore o i tuoi allenatori, le persone intorno a te che ti stanno aiutando, il novantacinque per cento delle volte, l'altro cinque per cento dovresti ascoltare te stesso e ciò che pensi sia meglio per te.
In terzo luogo, il percorso è veramente difficile, e quando diventa complicatissimo, e questo avverrà, devi continuare a ricordare a te stesso cosa vuoi realizzare e rimanere concentrato su quali sono gli obiettivi a lungo termine, a medio e a breve termine.

JACKIE JOYNER-KERSEE
Divertiti.
Lavora sodo.
E rimani umile.

ROBERTO MANCINI
Credo che la passione sia fondamentale. Se tu hai la passione hai già fatto un bel pezzo di strada.
Poi devi essere serio, determinato, perseverante, sicuro,

perché comunque nello sport non si dura per quaranta o cinquant'anni.
E poi devi impegnarti sempre di più anche quando pensi di aver raggiunto il massimo, perché comunque il massimo non lo si raggiunge mai. Penso che lavorando seriamente si possa migliorare giorno dopo giorno, a qualsiasi età.

ARRIGO SACCHI
Non essere presuntuoso e non pensare di essere arrivato.
Non essere prepotente o individualista.
Gioca con la squadra, per la squadra, a tutto campo e per tutto il tempo.
Questo è quello che può rendere degli eroi, che significa dare tutto quello che hai.

SERGIO GARCÍA FERNÁNDEZ
Lavora duro.
Credi in te stesso.
E, più importante di tutto, ama quello che fai.

COREY SEAGER
Non accontentarti mai.
Non smettere mai di lavorare sodo.
Sii umile.

Il successo nello sport è un viaggio complesso che unisce mente, corpo e spirito in un percorso di crescita continua. Al centro di tutto c'è la passione, quella fiamma interiore che alimenta il desiderio di migliorarsi ogni giorno. Questo amore per lo sport motiva l'atleta ad apprendere costantemente, a cercare il miglioramento continuo in ogni aspetto e ogni dimensione del proprio gioco, dalla tecnica di base alla strategia mentale.

Dare il massimo diventa allora non solo un obiettivo, ma uno standard quotidiano. Senza un limite predefinito.

La combinazione di impegno e piacere, mantenendo il senso di divertimento, permette di affrontare ogni sfida con entusiasmo e leggerezza, senza perdere di vista l'importanza dell'allenamento rigoroso. È in questo allenamento che si sviluppano la disciplina e la determinazione, elementi fondamentali per costruire un atleta completo.

La strada verso il successo richiede anche una forte concentrazione e una radicata voglia di vincere. Tuttavia, il successo non si misura solo in vittorie: è anche la capacità di superare gli ostacoli, di adattarsi e di crescere attraverso le difficoltà che definisce un vero campione. La gestione della pressione è un'attitudine che si rafforza con l'esperienza, e la preparazione mentale diventa dunque cruciale per mantenere la calma e la lucidità nei momenti decisivi.

Il successo richiede anche la fede incrollabile nel proprio potenziale e nel cammino intrapreso, ovvero nel processo e in se stessi. Senza questa convinzione, è facile perdere di vista gli obiettivi. Inoltre, il rispetto per se stessi, per gli avversari, per i compagni di squadra e per il gioco è fondamentale. Il rispetto crea l'ambiente in cui la vera grandezza può emergere.

Infine, lo sport non è mai solo un'impresa solitaria.

Il lavoro di squadra e il senso di appartenenza a un gruppo forniscono la forza collettiva necessaria per affrontare le sfide più grandi. La sinergia tra gli individui all'interno del team potenzia l'efficacia di ciascuno, rendendo possibile il raggiungimento di traguardi che da soli sarebbero inarrivabili.

In sintesi, la formula del successo nello sport è una combinazione armoniosa di passione, dedizione, apprendimento e crescita, guidata da una mente forte e determinata, e dove non arriva la mente deve arrivare una volontà sconfinata, al di là di ogni ragione.

Conclusioni

«Per avere successo in qualsiasi cosa,
la verità è che non bisogna essere speciali.
Dovete solo essere ciò
che la maggior parte delle persone non è:
costanti, determinati,
e disposti a lavorare sodo per raggiungere l'obiettivo.»
TOM BRADY

Alcune parole non ci piacciono, ci possono ferire un po' nell'orgoglio, o ci mettono sulla difensiva perché è sempre più facile sentirsi dal lato di chi ha già pensato e fatto tutto il necessario, e vedere i problemi e i limiti fuori dal nostro controllo, piuttosto che cercare l'autocritica.

Si chiama locus, o più completamente *locus of control*. L'ho imparato in un bellissimo training nei primi anni della mia carriera, uno di quei training che cambia per sempre la propria prospettiva sulle cose.

Semplicemente il locus of control rappresenta in psicologia la modalità con cui ogni individuo interpreta gli eventi della propria vita, i successi o gli insuccessi, come prodotti dei propri comportamenti o azioni, quindi controllabili internamente e dipendenti dalla propria abilità, volontà, capacità. Oppure da cause esterne che sono indipendenti dal proprio operato o dalla propria volontà, quali il caso, la fortuna o il destino.

Nella pratica il locus è esterno quando «non è colpa mia, non dipende da me, non ci posso fare niente, è al di là della mia volontà o delle mie azioni, doveva andare così». Più comunemente inteso come «sfortuna». Fino al «non è mia responsabilità». Al contrario il locus è interno nella convinzione che ci sia sempre qualcosa in nostro potere per prendere in mano il nostro destino, per fare qualcosa, per cambiare e migliorare ogni situazione, per trovare soluzioni positive o produttive anche quando tutto sembra non funzionare.

Alcuni studi mettono in correlazione il locus con il livello di autostima, perché quest'ultima è influenzata notevolmente dalla convinzione di avere controllo sui propri risultati e dalla consapevolezza di poter efficacemente rimediare a un insuccesso. Ma un locus of control troppo rivolto all'interno porta ad autocolpevolizzarsi e all'autocritica costante verso se stessi, che aumenta sì la pressione nei propri confronti, ma accresce anche la tensione verso il miglioramento continuo.

Viceversa, un locus rivolto eccessivamente all'esterno porta alla deresponsabilizzazione e si può manifestare attraverso ambizioni ridotte, scarso impegno, maggiore vulnerabilità allo stress e una lenta ripresa dopo un insuccesso. Addirittura, con la propensione all'ansia o, nelle derive più patologiche, alla depressione.

Non esiste un assoluto, è più un continuum in cui ognuno ha un locus preferenziale e attitudinale, ma a seconda delle circostanze specifiche l'approccio istintivo può variare e la stessa persona può tendere ad assumere un locus diverso modificando la propria percezione delle cose e l'attribuzione di significato. Quindi esistono circostanze in cui «localizzare» il problema all'esterno è normale anche per chi tende ad avere un locus interno. Essere un teenager proprio nel 2020 è, oserei dire, casuale, e non ci si può fare niente. Però poi questo significa che dipende dall'individuo, in circostanze drammatiche, trovare soluzioni accettabili, costruttive o anche positive.

Per gli atleti, ma è lo stesso per qualsiasi tipo di persona o di professionista, un locus di controllo interno è più correlato a un orientamento all'obiettivo attraverso un comportamento più determinato, proattivo e portatore di un maggiore benessere psicologico. Si riscontra in chi affronta le sfide con determinazione, fissando obiettivi sempre più ambiziosi, con una migliore capacità di problem-solving e sfruttando al meglio le proprie risorse interne. E nel complesso si tratta di approcciare le sfide e la vita con un istintivo bisogno di fare qualcosa per ottenere qualcosa, con la convinzione che si possa sempre agire in prima persona per guidare la propria vita, il proprio risultato, che in ultimo dipende da noi.

In conclusione, il locus of control influisce notevolmente sulla percezione e sulla valutazione della prestazione da parte dello sportivo, ma anche da parte di ognuno di noi nella vita normale o nella professione. Vittorie e sconfitte, per gli atleti, come successi e fallimenti personali, si alternano di continuo. È inevitabile. Ciò che conta non è tanto il risultato in sé, bensì la percezione sulla propria capacità di influenzare i risultati presenti e futuri e sulla propensione ad assumersi la responsabilità diretta delle proprie azioni, imparando, migliorando e offrendo il massimo impegno.

Ma da che cosa dipende la realizzazione del proprio potenziale, nello sport ma anche nella vita e nella professione?

È una scelta.

Possiamo decidere. Possiamo avere la convinzione che esista sempre qualcosa da fare per trasformare il potenziale in reale. Una scelta che genera una serie di azioni che definiscono chi siamo, come ci comportiamo e quello che siamo disposti a fare per realizzarci.

Da tutto quello che abbiamo letto nelle parole dei campioni dello sport emergono con forza alcuni concetti, alcune parole chiave.

Parole semplici, ma capaci di evocare emozioni reali.

Almeno per me.

Ne conto undici. Come i titolari di una squadra di calcio.

1. Passione, oltre la ragione.

Non si ordina la passione. Non si comanda. Non la metti nel carrello di Amazon né puoi parcheggiarla nella lista dei preferiti di Netflix.

Ma si sente. Si percepisce quella fiamma interiore che ci spinge appena un po' oltre la norma. Quella forza che ci porta a credere con forza nelle nostre abilità, specialmente nel momento della sconfitta.

Quell'entusiasmo nel fare le cose che non proviene da una logica razionale o da una volontà deliberata ma da un istinto puro, infantile, e che si accende incontrollato.

La passione è il fuoco che accende i sogni, gli dà forma, li rende reali. Li trasforma in obiettivi concreti tanto da spingerci a svegliarci ogni mattina con l'entusiasmo di affrontare una nuova giornata e a lavorare sodo per quello che amiamo. La passione è il motore che alimenta ogni atleta. Senza passione, l'allenamento quotidiano diventa una fatica, e le sfide si trasformano in ostacoli insormontabili. La passione per lo sport è ciò che trasforma un semplice interesse in una vera e propria vocazione. È l'entusiasmo che fa sì che gli allenamenti difficili e le ore di pratica diventino momenti di gioia e crescita. Segna la differenza tra eseguire un compito e sentirsi parte di una missione.

Quando?

Sempre.

Perché la passione non ha un interruttore, come non ne ha una missione. Si vive per la missione, non il contrario.

Ma come facciamo ad accendere la passione?

Non si può, succede e basta.

Ci travolge.

Il tempo passa veloce, non si riesce a farne a meno.

E come faccio se non ho passione per quello che faccio?

Forse significa che stai facendo la cosa sbagliata. Se ti fai questa domanda, e se la risposta ti conferma che non stai facendo ciò che ti piace... be', il destino è nelle tue mani. Puoi sempre provare a cambiarlo. Del resto, la vita è troppo corta per fare quello che non ci piace.

Una citazione attribuita a tanti diceva: «Lavorare molto per qualcosa che non ci importa si chiama stress. Lavorare molto per qualcosa che amiamo si chiama passione». Semplice, banale. Ma molto vero. L'abbiamo provato tutti.

La vera domanda è: come individuare la nostra passione?

Io credo che ci siano due modi.

Uno è quello di sperimentare, provare, vedere, osservare e non tirarsi indietro nelle esperienze che ci vengono offerte. Decidiamo di far fare ai bambini tutti gli sport da piccoli, invece di quello che piace a noi, perché non tutte le passioni si trasmettono per via genetica. E poi saranno loro a decidere. Anzi. La loro passione.

Osserviamo quello che fanno i bambini. Quelle piccole ossessioni su attività che fanno passare loro il tempo, e in cui si perdono dentro. E cerchiamo di ricordarci quello che ci assorbiva da piccoli o ci cattura ancora oggi, risucchiandoci con l'attrazione di un buco nero.

Osservare, ricordare e, non ultimo, sentire quello che abbiamo provato facendo qualcosa. Non quello che ci dice o ci diceva la testa, ma quello che bypassava ogni attività cerebrale.

Mio fratello costruiva. Qualsiasi cosa.

Io non sapevo neanche da dove cominciare.

Mia sorella studiava ma soprattutto capiva tutto di italiano, latino e greco.

E le piaceva pure.

Io zero.

Oggi uno è un ingegnere che costruisce motori da competizione e l'altra, guarda un po', una professoressa di italiano, latino e greco.

Poi dobbiamo cercare di capire dove proviamo una disproporzione tra il miglioramento e l'impegno. Di solito ci appassioniamo alle attività che ci piacciono per istinto, oppure a quelle in cui con uno sforzo ragionevole otteniamo dei risultati sproporzionati. E questo genera un nuovo impegno per sforzarsi di più, che implica miglioramenti ancora maggiori, che riempiono la passione, che guida ancora più impegno, e così via.

È matematica: funzione esponenziale.

Perché ci piace fare bene le cose, è umano e ci appassioniamo a quello che ci riesce bene.

La passione, quella vera, ci trascina molto lontano.

2. *Volontà di vincere. Oltre ogni calcolo.*
La volontà di vincere supera ogni previsione: è la forza interiore che ci spinge oltre i limiti precedenti e a realizzare ciò che sembrava inimmaginabile. È una forza oscura, primitiva, istintiva, e non si tratta solo di conquistare medaglie o trofei, ma di superare delle sfide per dimostrare a noi stessi che siamo capaci di molto di più, di ottenere il nostro potenziale e raggiungere ciò che sembrava impossibile a noi e agli altri. È quell'energia che ci fa pensare "posso farcela" anche quando tutto sembra andare contro.

La voglia di vincere si può, e si deve, allenare.

Si traduce in quella cocciuta determinazione a colpire tutti e sei i birilli piazzati nell'area del servizio, prima di chiudere baracca e spegnere le luci del campo da tennis.

E se non si riesce?

Si continua.

Quella piccola ossessione di terminare anche l'ultima equazione prima di andare a letto.

E se non si riesce?

Si continua.

E se proprio non si risolve?

Non importa. Prima o poi si riuscirà.

E quando riesce… hai vinto.

Perché la voglia di riuscire è la prima delle vittorie.

3. Coraggio. Oltre ogni paura.

«Il successo non è mai definitivo. Il fallimento non è mai fatale. È il coraggio di continuare che conta» diceva Winston Churchill.

Voltare pagina, continuare a crederci, andare avanti.

Quando teniamo davvero a qualcosa, alla paura di non farcela si oppone la forza d'animo: ci spinge ad affrontare le difficoltà, superare gli ostacoli, assumerci i nostri rischi e le nostre responsabilità.

Anche il coraggio si allena.

Attraverso il tentativo, la prova e il fallimento.

Provare. Cadere. Rialzarsi. Provare ancora.

Fallire significa avere tentato una prestazione di qualsiasi tipo, che in un certo momento, in determinate circostanze, per specifici motivi, era al di là delle possibilità concrete del momento. A volte è una questione di tempo. Fa bene allenarsi al fallimento, perché il coraggio non è l'assenza di paura ma la capacità di gestirla, senza che abbia un impatto negativo sul risultato di oggi, o per migliorarlo domani avendo già superato le paure iniziali.

Avere coraggio, ogni giorno, è essenziale per ogni atleta. Dobbiamo affrontare la paura del fallimento, competere a livelli elevati e uscire dalla propria zona di comfort.

Senza coraggio, anche i talenti più promettenti possono restare bloccati, incapaci di spingersi oltre ciò che è familiare e sicuro.

4. Volontà, oltre ogni ostacolo.

Quando distogliamo gli occhi dalla meta, vediamo tutti gli ostacoli che stanno in mezzo. Ci disturbano, ci minacciano, ci distraggono. La volontà ci mantiene focalizzati sull'obiettivo. È il motore della nostra ostinata perseveranza. È ciò che ci mantiene in pista anche quando si sbanda, quando il percorso diventa difficile, e quando le sfide sembrano insormontabili o quando i risultati non sono ancora visibili.

La volontà di iniziare. La volontà di provare. La volontà di migliorare. La volontà di continuare, o di cambiare.

È una scelta.

Comincia tutto da una scelta.

È il modo umano di imporre un percorso preciso al di là delle circostanze che possono deviarlo.

È la scelta della volontà che ci distingue, ci definisce, ci rende invincibili a prescindere dal risultato.

Eppure, diciamocelo: quanto vogliamo quello che vogliamo?

Perché non è gratis. La volontà dimostra il nostro investimento prima di qualsiasi ritorno.

Quanto siamo disposti a dare di sicuro per ottenere quello che vogliamo ottenere, senza alcuna certezza?

5. Sacrificio, oltre ogni gratificazione immediata.

Fatta la scelta, per mezzo della volontà, il successo diventa una conseguenza della fatica e del sacrificio. Bisogna seminare prima di raccogliere. Bisogna dare prima di ricevere.

È una sorta di puntata «al buio», e rappresenta una tappa inevitabile nel percorso verso l'eccellenza. È un pedaggio che va pagato. Non tutto sarà facile e comodo, a volte si devono fare rinunce per perseguire un obiettivo.

Il bello è che non abbiamo alcuna garanzia che i sacrifici verranno ripagati in maniera almeno proporzionale. È un investimento a fondo perduto.

Gli atleti spesso devono rinunciare al tempo trascorso con familiari e amici, ai piaceri quotidiani, e ad altre attività non compatibili con i loro obiettivi. Il sacrificio è il prezzo da pagare per raggiungere altezze straordinarie, e riconoscerlo è fondamentale per mantenere la motivazione.

Ma chi me lo fa fare? Nessuno.

Certo, tutti dicono che i sacrifici sono stati ripagati. Stiamo parlando di atleti o allenatori che hanno scritto la storia del proprio sport. Ma con loro quante migliaia di altri ci hanno provato con sacrifici simili? E quante migliaia invece hanno pensato di farcela anche senza sacrificarsi?

È un'altra scelta.

Anche questa è legata alla volontà.

Perché sacrificarsi tanto senza nessuna garanzia di successo? Non esiste un perché.

Esiste solo un fare, nella speranza di ottenere.

Oppure non fare nella certezza che tantissimi ci proveranno, e avranno più possibilità, per loro merito.

Non esiste un valore da dare al sacrificio, e nemmeno una misura. Perché è sempre tutto proporzionale alle proprie necessità, preferenze e aspettative.

Quanto valgono i nostri obiettivi?

Quanto siamo disposti a dare per quello che desideriamo?

Quanto costano i nostri sogni?

6. Miglioramento continuo, costante.
Il miglioramento continuo è un processo senza fine che trasforma il potenziale di oggi in realtà di domani, e il desiderio in eccellenza. È il segreto per crescere e progredire. Ogni giorno migliori di ieri, più forti di ieri, più veloci di ieri, più capaci di ieri.

Perché oggi conta.

Non ieri.

Domani si vedrà.

Il miglioramento continuo è la chiave per il successo a lungo termine. Gli atleti devono essere impegnati a crescere ogni giorno, a perfezionare le proprie tecniche e a spingersi oltre i propri limiti. Ogni giorno offre una nuova opportunità per diventare un po' meglio di ieri, e questo processo costante di perfezionamento è ciò che costruisce un campione.

Nel lavoro, come nella vita, il miglioramento passa attraverso l'osservazione, la curiosità, lo studio, l'esercizio, e soprattutto l'autocritica che ci consente di creare quella tensione, sana, che smuove la crescita. La differenza di potenziale crea una corrente. È fisica, elettromagnetica. La vita non è tanto diversa dallo stesso principio fisico: dove esiste un divario si genera una forza che spinge verso il miglioramento, al fine di chiudere quel divario.

Non c'è fine al miglioramento.

Ogni sera, nei miei venti, venticinque minuti di tragitto ufficio-casa, non tengo mai la radio accesa, ma ascolto solo la telecronaca delle mie riflessioni sulla giornata. Cosa ho visto, cosa ho sentito, cosa ho sbagliato, cosa ho imparato, cosa ho capito, cosa non ho capito, cosa andava fatto in maniera diversa, cosa farò in maniera diversa, cosa devo fare sempre, cosa non farò mai.

Mi aiuta e mi ha aiutato nel tempo. Perché, se la moltiplichiamo per ogni giorno, ogni settimana, ogni mese, ogni anno, questa sana abitudine porta con sé un bel po' di riflessioni che hanno stimolato qualche cambiamento. Pratica semplice, ovvia, direi scontata, ma comunque molto potente.

Ma non solo. È stupefacente pensare da quante persone e da quante occasioni si possa imparare ogni momento, ogni giorno. Da ogni interazione si possono trarre dei suggerimenti unici. Da ogni persona osservata in una riunione si possono identificare degli spunti unici, perché ognuno è veramente bravo in almeno una cosa. Alcuni in più di una. Ecco, moltiplichiamo questo per tutti i nostri colleghi, per tutti i giorni, per tutti i mesi di tutti gli anni. E ora facciamo la somma di quanto possiamo imparare di continuo.

Non è, solo, una questione di training. È una questione di osservazione. La mia lista di «cosa ho imparato oggi» rimane sempre aperta. Sempre più lunga. Lunghissima. Ma mai completa.

L'altra cosa che ho trovato interessante è da chi imparare. All'inizio, quando cominciamo il nostro percorso professionale, alla base della piramide, il 99 per cento delle interazioni avvengono con pari o con superiori, perché tutta l'organizzazione sta sopra; quindi, imparare è intuitivamente legato a guardare verso l'alto e a imparare dai superiori.

Poi succede che col tempo, crescendo, inizia a cambiare il rapporto, quando siamo a metà della piramide e quindi metà sta sopra di noi e metà sotto... Finché ci si trova più in alto, dove sollevando la testa incontriamo ben poco.

A quel punto o non si impara più, o si pensa di aver imparato tutto, oppure si osserva ancora di più e si ascolta il resto dell'organizzazione, che guarda caso sta sotto. Ma non importa dove si colloca, offrirà senz'altro spunti di riflessione di grande valore.

Perché si può imparare sempre da tutti, tantissimo anche dalle persone che lavorano nel nostro team.

È importante capire nel proprio percorso, in ogni punto, da chi imparare. È importante saper re-orientare la propria capacità di apprendimento. Perché chi non lo fa... si ferma.

L'ultimo aspetto riguarda la mentorship.

È veramente dura muoverci senza una guida, oggettiva, interessata ma distaccata.

Nel mio percorso, ho avuto la fortuna di avere diversi colleghi o capi che, quando la nostra relazione diretta è cambiata, hanno continuato a dimostrare un genuino interesse nei miei confronti, con il dono innato di saper interpretare le emozioni senza perderne la giusta dimensione. Sono almeno sei, molto diversi tra loro. Ho tratto grandissimo beneficio dalla loro valutazione degli eventi, dalla loro oggettività e misura.

La passione, la motivazione, la volontà, la determinazione possono solo venire da dentro.

Ma la qualità di valutazione, di ponderazione e di giudizio che viene da fuori non ha eguali.

7. Dare il massimo, al di là di ogni convenienza.
Io penso che dare il massimo sia una forma intrinseca di rispetto e di dignità nei confronti di noi stessi, di chi crede e di chi ha creduto in noi. Limitarci a fare il minimo necessario, lavorando al minimo del nostro talento è un'offesa alla nostra qualità, alla nostra natura umana e al nostro potenziale. Che sia sportivo, professionale o umano.

Credo che questo abbia poco a che fare con il successo ma molto più con l'etica di base, quelle norme e quei valori che regolano il nostro comportamento umano in relazione a noi stessi e agli altri.

Mettere tutto il nostro impegno e la nostra energia in ogni azione è un inno alla realizzazione del nostro potenziale.

Dare il massimo non è un concetto generale. Non è relativo alle gare o alle grandi imprese. Ma è qui, ora. In ogni passo, in ogni colpo, in ogni corsa, in ogni azione e in ogni intenzione. Solo così si può raggiungere il livello di eccellenza che rende giustizia al nostro talento, qualunque esso sia, a prescindere dal livello, dalla graduatoria, e dalla visibilità dei nostri risultati.

A volte le energie vengono meno. A volte la mente non supporta la massima prestazione per tanti motivi personali. A volte non si è in grado di dare il massimo.

Succede.

È comprensibile.

Si va avanti. Verso la prossima gara, la prossima partita, il prossimo campionato. Sempre avanti.

Ma non è questo il punto. Qui non si parla di risultato ma di intenzionalità.

L'intenzionalità è tutto.

Dare il massimo rappresenta l'intenzionalità di offrire il meglio di se stessi e delle proprie capacità a disposizione qui, ora. Quali che siano. Ma che sia il meglio.

Il 100 per cento del 70 (se le condizioni fisiche o mentali non sono perfette) è più alto del 50 per cento del 100.

Non c'è convenienza nell'intenzionalità di dare il meglio.

Non c'è efficienza.

Non c'è risparmio.

È dare tutto. Per tutto.

8. Credere, oltre ogni aspettativa.

Credere in se stessi è il primo, imprescindibile e indispensabile passo per raggiungere qualsiasi traguardo. Credere in noi stessi e nelle nostre capacità non deve diventare cieca arroganza, ma una forma di positività sul percorso fatto, la fiducia su quello che siamo in grado di fare in futuro, e sulle nostre capacità.

Non significa dimenticare l'autocritica, la necessità di continuare a migliorare e crescere, o avere coscienza della situazione. Ma significa tracciare la linea in un momento determinato e credere che a quel punto, in quel momento, possiamo realizzare qualcosa valorizzando tutto il lavoro, l'impegno e i progressi ottenuti fin lì.

E come va, va...

E domani?

È un altro giorno.

Credere che qualcosa possa accadere in un certo modo, anche nell'ottica della visualizzazione, è un passo decisivo per realizzarlo. Molti sportivi visualizzano il risultato. Visualizzano dove andrà a cascare quel calcio d'angolo, dove arriverà il prossimo passaggio, dove saremo alla linea di arrivo. Quando succede, saremo pronti. Nella professione come nella vita, credere, avere fiducia in se stessi e negli altri, immaginare e visualizzare quello che deve succedere nelle nostre aspettative materializza e concretizza l'opportunità.

Come si fa a credere? E chi lo sa per certo?

Sembra ragionevole pensare che in parte sia intrinseco alla nostra natura, e in parte si alleni tramite l'esercizio delle proprie abilità, azione che crea fiducia e ci fa credere di più in noi stessi.

Ma qualunque sia stato il livello di preparazione professionale, o quale che sia la quantità di ripetizioni dell'esercizio sportivo, il credere in se stessi avrà sempre una componente istintiva: serve lanciare il cuore oltre l'ostacolo. Servono un po' di incoscienza e anche un po' di arroganza, non verso gli altri ma verso i propri mezzi.

Credere è molto più di avere fede nei nostri sogni, o nell'ignoto.

Credere vuol dire materializzare tutto quello che ci siamo sudati per arrivare in quel momento, tutte le capacità e abilità che abbiamo sviluppato nel tempo, e tutta la voglia accumulata facendo quello che adoriamo fare.

Siamo di fronte al nostro valore attuale, che non è a

noi sconosciuto, perché siamo proprio noi ad averlo creato e alimentato.

Siamo noi davanti al nostro meglio.

9. Disciplina, oltre ogni scusa o distrazione.
La voglia di vincere è sia importante, sia piuttosto comune a tutti. Certo, c'è chi può attribuirle più o meno valore, chi la prende con più o meno emozione, ma direi che è raro trovare la completa insensibilità davanti alla vittoria o alla sconfitta. Ma è perfino più rara, complicata e di certo più faticosa la volontà di prepararsi a vincere. Perché serve disciplina. Parola che suona già come una condanna per chi ha pochissima voglia di sacrificarsi e di lavorare sodo.

Sì, perché è umano, molto umano, seguire la forza di gravità. Cioè il percorso che richiede il minimo sforzo.

Invece serve disciplina per mantenere salda la rotta. Sia controvento che a favore di vento, non cambia. Servono attenzione, dedizione e fiducia, oltre alle capacità individuali.

La disciplina aiuta a rimanere concentrati, a rispettare i piani e a non cedere alle distrazioni che potrebbero deviare il cammino. La disciplina è la capacità di rispettare gli impegni, anche quando la motivazione viene meno per qualsiasi motivo.

Perché a volte viene meno. A tutti.

La disciplina implica il seguire una routine, il rispettare i piani di allenamento e il mantenere la concentrazione sugli obiettivi, anche nei giorni più difficili.

Esiste un modo per garantire l'attitudine all'autodisciplina: imporsi la mancanza di alternativa.

In effetti se una strada è chiusa e bisogna fare un giro dell'oca... facciamo il giro dell'oca. Perché? Perché la strada è chiusa. Punto. Non ci piace, ma lo facciamo.

Non c'è alternativa.

Se oggi si va a scuola, si va a scuola. Mi ricordo mio figlio, quando al secondo giorno di scuola elementare ci chiese: «Ma anche oggi si deve andare a scuola?».

Sì, anche oggi, per i prossimi dodici anni. Almeno. Poi si vede.

Punto.

Facile.

Mi ricordo che la stessa domanda la fece un giorno in cui nevicava di brutto e lo stavamo preparando per la lezione di sci. Incrociai lo sguardo di mia moglie, il regalo più bello e immeritato che io abbia mai ricevuto, tentennammo un attimo e poi la risposta fu: «Be', sì, certo. È normale. Tutti i giorni». Ci sono certezze che non possono e non devono dare alcuna chance al dubbio.

Tornò bagnato fradicio. Zuppo come un savoiardo «tocciato» nel latte caldo.

È sopravvissuto, e non ritengo che ci sia stata alcuna violazione dei diritti umani.

In compenso sia lui sia nostra figlia, raggiunti i sette anni, avevano già superato tutti i livelli di sci esistenti e potevamo sciare già tutti insieme, ovunque e in qualsiasi condizione. Non si trattava di crescere un nuovo fenomeno, ma solo di fare in maniera disciplinata quello che deve essere fatto per completare il corso. Obiettivo? Non la Coppa del mondo, ma sciare tutti insieme. Cosa che ci piace molto come attività, che ci unisce come famiglia.

Quando non ci si danno scuse o alternative, quindi non si cerca l'eccezione, diventa deliberato e molto più facile essere disciplinati.

Punto.

Semplicemente, non bisogna pensare al lato negativo delle cose. Ma avere fiducia nel processo.

Del resto, chi pensa razionalmente che sia bello alzarsi la mattina alle sei e andare a correre dieci chilometri? Beati i runner dell'alba, ne conosco giusto qualcuno… Prima di poter pensare a qualsiasi motivo del perché non sia il caso, loro sono già in strada a correre e hanno già fatto un chilometro, alcuni anche due.

Invece di pensare al perché no, diciamo di sì e andiamo avanti. E basta.

Le scuse, le eccezioni, non facilitano né la fiducia nel processo né lo sviluppo di un impegno regolare, sostenuto e solido nel tempo.

E poi si apre un altro problema. Quando si tira la linea alle eccezioni? Ogni eccezione, come una matrioska, apre ad altre, ognuna delle quali sarà ugualmente giustificata da un qualche motivo, e ognuna sposta la linea… perché c'è sempre un buon motivo per non fare quello che non ci va di fare, anche se è la cosa giusta da fare.

E dove ci si ferma? Quando? E perché?

Quando smettiamo di spostare la linea di quello che è necessario o accettabile o insufficiente?

Non c'è limite alle eccezioni. Per lo stesso motivo che ne esiste una esisterà anche la sua eccezione, e sono già due e così via, abbiamo abbassato lo standard e il limite di accettazione. E questo ha solo un effetto, ovvero ridurre il livello per via di tanti motivi (tutti validi), tante scuse (tutte ragionevoli), ed eccezioni (tutte giustificatissime). Ma intanto la linea si è spostata... e così continua ad abbassarsi.

Quanto siamo disposti a perdere per una scusa facile che ci demotivi nel fare quello che deve essere fatto, per realizzare al meglio il nostro potenziale?

10. Determinazione, oltre ogni dubbio.

Il talento, come hanno già detto tutti gli atleti, può portarci fino a un certo punto. È la determinazione a farci raggiungere livelli di prestazione sempre superiori, è lei a portarci al traguardo.

Mentre la vittoria è tangibile al conseguimento del risultato, qualsiasi esso sia in funzione dell'obiettivo, è l'intero viaggio o processo che ci ha portati a quel punto a fare la differenza per massimizzare le probabilità di successo, e in questo viaggio tutto ciò che ci siamo detti, dal punto uno al punto nove, richiede una continua, costante e incessante determinazione.

La determinazione nasce dalle nostre convinzioni e ci spinge a non arrenderci, anche e soprattutto quando il viaggio diventa arduo, quando il dubbio si trasforma in sfiducia, e quando altri potrebbero arrendersi... invece, proprio in quel momento, qualcuno continuerà. La determinazione ci permette di affrontare le avversità e le sfide con volontà incrollabile, senza lasciarci abbattere dalle difficoltà. Non significa negare le avversità, anzi. Essere determinati significa avere massima consapevolezza della realtà e della situazione, e anche delle possibili implicazioni alla fine del percorso, se lo completiamo.

Oltre al capire la situazione specifica e avere grande realismo, si può migliorare la determinazione scomponendo i problemi o il percorso in segmenti affrontabili e risolvibili.

Un passo alla volta si può andare molto lontano.

Ed è molto molto più motivante, e facile, riuscire ogni giorno a compiere un pezzo, piuttosto che aspettare per settimane e completare «il tutto». Come una scalata. Ogni passo, ogni chilometro, ogni giorno è un successo.

Un obiettivo alla volta.

Un allenamento alla volta.

Una ripetizione alla volta.

Quindi è indispensabile scomporre il problema (irrisolvibile nel suo complesso in una sola mandata) o l'obiettivo (irraggiungibile in un colpo solo) in parti aggregabili o raggiungibili. Ogni parte consente di validare la nostra capacità, gratificare i nostri sforzi, e ci riconosce un successo piccolo ma continuo e costante. Un passo alla volta, un metro alla volta, si va molto lontano. E ogni passo è un progresso, rafforza la nostra motivazione e la nostra convinzione perché ognuno di quei metri è una conquista, un risultato raggiunto. E questo rinforza un po' alla volta la nostra autostima, innescando una spirale positiva.

Viceversa, si perde determinazione quando si intende puntare un obiettivo troppo grande da affrontare tutto insieme.

In questo istante, il libro nelle vostre mani pare essere composto da 33723 parole. Mio figlio di tredici anni, che è appena passato qui accanto, notando questo numero scritto in basso nelle statistiche di Word mi ha detto che non le ha mai scritte in vita sua così tante parole. Non ne dubito, dato il suo interesse per tutto quello che è esercizio e sforzo intellettuale.

Comunque sia, e a prescindere dal numero, sono state scritte una parola alla volta. Un paragrafo alla volta, un capitolo alla volta. Un giorno alla volta. In poco più di un anno.

Sarà lo stesso per uno scalatore, un maratoneta, un giocatore di tennis o un nuotatore. Sarà lo stesso per un ingegnere civile che costruisce un grattacielo un piano alla volta. Ogni piano sarà un traguardo raggiunto. Un successo acquisito.

Per andare su un famoso detto, «Roma non è stata costruita in un giorno». Forse banale, ma molto vero.

E per rimanere nella capitale, Lucrezio disse: «*Gutta cavat lapidem*», ossia «La goccia scava la pietra».

È proprio così.

Una goccia alla volta.

11. Resilienza, oltre ogni difficoltà.

Ci saranno sconfitte.

Tante.

Alcune meritate, con complimenti agli avversari.

Altre immeritate.

C'est la vie.

Ci saranno cadute. E molte dolorose. Alcune lasceranno il segno. Alcune delle cicatrici.

La vita ci mette alla prova di continuo.

La resilienza, tecnicamente, è la capacità di un materiale di deformarsi ritornando nelle condizioni iniziali, o anche di assorbire un urto senza rompersi e senza perdere la propria funzione. Nei nostri termini, come analogia, è la capacità di rialzarsi dopo ogni caduta, incassando il colpo, continuando a lottare, trasformando le avversità in opportunità di crescita, superando i momenti difficili, le sconfitte e gli infortuni per tornare ancora più forti di prima.

Gli atleti resilienti possono affrontare gli insuccessi, imparare dagli errori e rafforzare giorno dopo giorno la capacità di procedere nel proprio percorso.

Allo stesso modo, noi atleti «della vita» siamo chiamati a rispondere a delusioni personali e professionali. Abbiamo anche noi i nostri infortuni durante il percorso. Commettiamo i nostri errori e ne dobbiamo accettare le conseguenze. A volte siamo colpiti da ingiustizie o da critiche gratuite o pretestuose. A volte ce le meritiamo tutte.

È così, e questa realtà non si cambia.

Accettare il fatto che queste situazioni non si possono evitare è decisivo per il prossimo passo, cioè decidere che possiamo sempre fare qualcosa.

Trasformare la crisi in cambiamento, il cambiamento in miglioramento, il miglioramento in risultato, e il risultato in successo.

Come fare?

Siamo chiamati a riorganizzare positivamente i nostri pensieri, i nostri piani, la nostra vita e le nostre abitudini per fare fronte a eventi negativi. Perché fermarsi non è un'opzione, e non ci resta che adattarci.

Mahatma Gandhi disse: «Vivere non è aspettare che passi la tempesta ma imparare a ballare sotto la pioggia». Il locus esterno ci direbbe che non possiamo farci niente, non possiamo controllare le tempeste. Ed è vero. Ma il locus interno, espresso dalla frase che ci ha donato Gandhi, ci esorta a non lasciarci sopraffare, a vivere intensamente, nonostante la tempesta. E non solo. La tempesta può persino rivelarsi un'occasione per imparare a danzare…

Per farlo è indispensabile avere un quadro molto oggettivo e onesto della situazione: non si può scappare dai fatti. Non si tratta di evitarli, ma di conoscerli per affrontarli meglio.

Quindi, nella consapevolezza della situazione, è vitale avere una comprensione lucida delle proprie qualità, umane o professionali. Tali punti di forza sono la base della ripartenza per proiettare un'immagine positiva di se stessi. Conoscere, ricordare e scrivere le proprie qualità aiuta. E anche i propri limiti.

Con la massima fiducia nei propri punti di forza si riparte settando obiettivi semplici, chiari e raggiungibili. Di nuovo, un passo alla volta.

Una volta il capo del capo del mio capo, a chiusura di un'e-mail personale, mi scrisse: «Sempre avanti con fiducia». Una frase semplice, chiara e molto potente. La ricordo ancora a distanza di tantissimi anni, e penso che non la potrò dimenticare soprattutto per il contesto in cui si collocava, uno dei momenti più complicati della mia carriera. A posteriori, mi rendo conto oggi che per quanto fosse un contesto delicato, il bello doveva ancora venire… e quindi sì, ha funzionato. E molto bene.

Un aforisma, attribuito a fonti multiple tra cui Peter Schultz, che mi piace citare con i miei gruppi di lavoro, suona così: «Non è possibile decidere la direzione del vento, ma si possono sempre aggiustare le vele per raggiungere la nostra destinazione». Questa singola abilità consente a un'imbarcazione di navigare qualsiasi sia la direzione del vento, quindi anche controvento.

Si associa a un'altra frase, emblematica nel proprio realismo (e direi nella crudezza), attribuita a Edward Gibbon: «I venti e le onde sono sempre a favore dei marinai più bravi». Possiamo lamentarci, trovare scuse, giustificazioni e motivi, ma chi vince ha sempre ragione. E infine, restando tra le onde, vengono in mente le parole di Seneca: «Non esiste vento favorevole per il marinaio che non sa dove andare». Come a dire: servono idee chiare, sempre. O non sapremo creare le condizioni ideali per avere successo.

Ci serve davvero una chiara comprensione della realtà, unita alla piena fiducia nella propria capacità di influenzarla con i propri sforzi.

È così che si sviluppano la resilienza e l'ottimismo.

Che ci si adatta alle circostanze, e ci si rialza dopo la caduta.

E che si procede.

Sempre avanti.

Con fiducia.

Alla fine, ci sono tanti diversi fattori che compongono la formula per massimizzare il proprio potenziale. Che sia quello sportivo, quello lavorativo o anche quello personale. Anche per le nuove generazioni, nonostante il cambiamento di strumenti, abitudini, tecnologie e preferenze, esistono delle verità universali valide al di là del tempo e delle culture. Sono provate da campioni di grande successo, e ci uniscono tutti, nello sport, nella professione e nella vita di ogni giorno, quali che siano i nostri obiettivi.

Essere appassionati, coraggiosi e determinati.

Continuare a migliorare, sacrificarsi e dare il massimo.

Credere in se stessi e nella disciplina scegliendo deliberatamente la propria strada e mantenendo dritta la rotta, senza eccezioni.

Affrontare ogni sfida con resilienza, fiducia, persistenza.

I sogni possono diventare realtà.

Il futuro è solo ed esclusivamente nelle nostre mani.

Non credete in chi colloca all'esterno le sorgenti di ogni frustrazione o ci fa passare solo per vittime di eventi sfortunati, casuali e incontrollabili. Noi siamo il nostro futuro.

Esiste un valore non misurabile nel credere in se stessi e guidare con fiducia e coraggio il proprio futuro attraverso un impegno non negoziabile e che non deve essere tradito per gratificazioni temporanee ed effimere. E questo set di valori determina la costruzione del nostro percorso.

Il mondo è pronto a scoprire ciò che siamo capaci di fare. Non poniamoci limiti.

Non c'è limite.

Ho sempre amato la matematica.

E il valore che dà all'infinito.

∞.

Domande e risposte bonus

Quando hai capito che saresti diventato qualcuno che avrebbe vinto nello sport?

RONALDINHO
Tutte le volte che quando giocavo vedevo la gioia e i sorrisi delle persone vicino a me.

LANCE BRAUMAN
Come allenatore sono sempre stato motivato dal rendere vincenti i miei atleti. Penso che la mia missione sia condurre gli altri al successo; quindi, non c'è un momento in cui mi sono mai sentito di «avercela fatta», perché il mio ruolo è creare il successo per gli altri.

NATALIA GUITLER
Quando ho deciso di diventare professionista e dedicare tutta me stessa, tutto il mio impegno e le mie energie a quell'obiettivo. Sia quando ho cominciato la mia carriera nel tennis che quando ho deciso qualche anno dopo di giocare a footvolley e teqball a livello professionistico. Io non volevo essere solo un'atleta ma volevo

dedicarmi completamente a realizzare il meglio di me stessa.

RIVALDO
Quando sono andato a giocare per una squadra a San Paulo, il Mogi Mirim Esporte Clube, e da quel momento sono stato in grado di aiutare la mia famiglia per la prima volta.

XAVI
Forse la prima volta è stato quando sono entrato alla Masia a undici anni. Il Barcellona ti instilla quel gene vincente, esige e ti insegna a ricercare l'eccellenza di cui ho parlato prima. Un po' più tardi, ho rafforzato questa mentalità quando ho visto che con la nostra generazione eravamo in grado di vincere, con la Nazionale giovanile spagnola o con l'Under 21, contro Paesi come Italia, Germania, Brasile e altre Nazionali che abbiamo sempre ammirato. A livello élite, la spinta che ci ha fatto credere di poter battere chiunque è venuta da Luis Aragonés in Nazionale; ci ha fatto credere in noi stessi e ha coltivato la mentalità vincente, ponendo le basi per quell'incredibile ciclo. Poi, al Barça, con Pep Guardiola e quella generazione unica che abbiamo avuto, era impossibile non avere quella mentalità vincente, per il prestigio del club e perché con quella squadra dovevamo provare a vincere tutto.

KAKÁ
Non c'è un solo momento nella tua vita professionale e personale in cui stabilisci degli obiettivi e lotti per rag-

giungerli. Ogni momento può essere un risultato e una vittoria. La somma di tutto ciò ti porta a un livello elevato, ma ogni passaggio e ogni momento sono importanti.

STAN SMITH

È stata una cosa graduale. Ho avuto successo da junior, poi al college. Ho vinto i Campionati nazionali juniores, poi ho vinto la NCAA. Ma il momento che ha fatto davvero la differenza per i massimi livelli è stato quando ho vinto nel 1970 il primo Pepsi-Cola Master di Tokyo, che ora è uno degli ultimi tornei dell'ATP Tour 500. Mi ha davvero colpito quando in quell'occasione è stato chiesto a Rosewall chi fossero i favoriti per il torneo, e ha detto che ero il favorito o uno dei favoriti. E sentirglielo dire ha fatto davvero la differenza. L'altra cosa che mi è successa poco prima è stata la sconfitta contro Gonzalez, che aveva dieci anni più di me, nei quarti di finale del torneo indoor di Wembley, prima di Stoccolma e prima del Masters. Jack Kramer, di cui avevo un enorme rispetto poiché era considerato da molti il padre del tennis professionale, mi ha detto: «Guarda, ragazzo,» ti chiamava sempre ragazzo «stai davvero giocando bene, non lasciarti scoraggiare». Quindi, dopo aver perso contro Gonzalez in finale, ho vinto il doppio, e poi il singolo e il doppio a Stoccolma e dopo ancora il singolo e il doppio al Masters. E così, quelle parole di incoraggiamento hanno fatto una grande differenza. Quindi quello è stato il punto di svolta, penso, per decidere se potessi davvero essere il numero uno al mondo.

FELIPE SCOLARI
Nello sport bisogna sempre vincere. Quando ho vinto il primo titolo è stato meraviglioso, ma nella competizione successiva dovevo farlo di nuovo. È così. Successo e successo, anno dopo anno. Ho vinto diversi titoli in campionati nazionali e competizioni internazionali, ma devo continuare a vincere finché andrò avanti come allenatore.

IAN THORPE
Sono diventato campione del mondo quando avevo appena compiuto quindici anni. Stranamente prima di allora pensavo di essere un giovane nuotatore di talento, ma non sapevo se sarei stato in grado di raggiungere il massimo nel mio sport... e poi è successo. Quando è successo, non sapevo se sarebbe mai capitato di nuovo; tuttavia, un anno dopo avevo battuto diversi record mondiali e, a diciassette anni, ho realizzato quello che era il mio sogno d'infanzia, ovvero diventare un campione olimpico.

ROBERTO MANCINI
All'inizio sapevo che avevo delle qualità. Però poi, soprattutto i primi anni a Bologna, ho visto tanti giovani che avevano grandissime qualità ma che non ce l'hanno fatta. Quindi mi sono reso conto che anche la qualità e il talento non erano sufficienti. Poi dopo qualche anno ho capito che potevo avere una vita piena di soddisfazioni a livello sportivo, ma per rimanere a certi livelli è stato necessario lavorare duramente e seriamente con grande continuità.

Qual è la tua più grossa paura?

RONALDINHO
La sofferenza di perdere qualcuno che amo.

LANCE BRAUMAN
Diventare una di quelle persone che perdono la passione e l'amore per quello che fanno.

NATALIA GUITLER
Sono due! Una è quella di smettere di migliorare in quello che faccio. L'altra è di non essere abbastanza in salute per farlo.

RIVALDO
Morire senza salvezza. Per questo il mio percorso è sempre affiancato alla fede in Dio.

XAVI
La mia paura principale è che possa succedere qualcosa di brutto ai miei figli. Il mio augurio è che crescano sani e in un ambiente stabile e sicuro. Penso che, come ogni genitore, quando hai figli, loro diventano la tua principale preoccupazione.

KAKÁ
Quando hai una famiglia, la tua paura più grande è sempre legata a questo. Ma quando ti dedichi e hai fede, qualsiasi paura, sia nella tua vita personale che professionale, diventa anche una forza per superare le sfide.

STAN SMITH
Non essere capace di allenarmi duramente e giocare in maniera competitiva. Quella era davvero la paura più grande.
Poi andare dal dentista non è mai una delle mie cose preferite… e sfidare Borg sulla terra battuta era come andare dal dentista, non era una bella esperienza.

FELIPE SCOLARI
Nella vita di ogni giorno non ho paure particolari.

ROBERTO MANCINI
Non ho grandi paure. Anche perché penso che lo sport sia fatto di vittorie e sconfitte. Quindi credo che la cosa più bella sia starci più a lungo possibile, perché poi viene il momento in cui non puoi più farlo; quindi, riuscire a rimanere ad alti livelli è importante.

Sesso e sport – Ritiro o non ritiro?

ALESSANDRO DEL PIERO
L'attività sessuale può far parte di una vita equilibrata, ma durante gli allenamenti o i ritiri il focus è spesso su disciplina e minimizzazione delle distrazioni, quindi può essere prevista l'astinenza.

RONALDINHO
Ognuno può fare la propria scelta. La mia è sempre stata molto chiara…

NATALIA GUITLER
Penso che possa aiutare per un senso di relax nel suo insieme. Sollievo dalla tensione o dalla pressione!

RIVALDO
Penso che ci sia un tempo e un momento giusto per ogni cosa.

XAVI
Credo che nello sport, come nella vita, sia meglio affidarsi al buon senso e alla spontaneità. Il sesso fa parte della nostra vita, quindi sappiamo quando e come praticarlo. Non penso che le restrizioni siano necessariamente positive.

KAKÁ
Questo è un tema che ha un'importanza diversa per ogni persona. Non c'è una regola. Con maturità e professionalità, tutti devono affrontare questo tema in modo sano.

FELIPE SCOLARI
Che si parli di concentrazione, di ritiro o di precampionato, quelli sono momenti in cui la priorità è formare un gruppo e prepararsi. Pertanto, in quei momenti non sono previste altre attività.

ROBERTO MANCINI
Non so, oggi le partite sono tante e quindi si tende a fare meno ritiri, e sono anche meno faticosi. Ma non credo sia un problema, non credo lo sia mai stato.

Chi è il campione del secolo? Perché?

ALESSANDRO DEL PIERO
Questo è soggettivo e dipende dallo sport.
I campioni sono coloro che non solo eccellono nel loro campo ma riescono anche a ispirare gli altri e ad avere un impatto positivo sullo sport.

RONALDINHO
Non esiste un singolo campione, poiché tutti hanno dei meriti, indipendentemente dalla dimensione o dalla rilevanza relativa dei loro risultati. Nel calcio Pelé sarà sempre il nostro eterno idolo e Maradona un amico che ci manca tanto.

LANCE BRAUMAN
Jesse Owens: i suoi successi sono stati più grandi dello sport stesso.

WAYDE VAN NIEKERK
Nei trent'anni in cui ho vissuto, il mio campione di questo secolo sarebbe Jürgen Klopp. Una risposta un po' di parte, essendo io grande tifoso del Liverpool, ma è anche una persona di grande ispirazione.
Se guardo alle persone che sono arrivate al successo portando una squadra da una posizione di lotta a una vittoriosa e diventando un campione scrivendo la storia, allora penso che Jürgen Klopp sia stato davvero un grande esempio in ogni singola squadra che ha allenato.

NATALIA GUITLER

Sono stata molto ispirata dalla carriera di Federer e Serena Williams! Per me sono due icone dello sport che hanno infranto grandi record, oltre a giocare in modo stimolante.

RIVALDO

Ce ne sono tanti e penso di essere uno di loro.

XAVI

Se parliamo di calcio, per me, senza dubbio, è Lionel Messi. Secondo me il miglior calciatore della storia.

KAKÁ

Questo può essere soggettivo. Preferisco mantenere una certa distanza dal discutere delle carriere di altri. Credo che queste dispute su chi fosse il migliore finiscano per impoverire il dibattito. Moltissimi hanno avuto grandi risultati e successi.

STAN SMITH

I sei ragazzi Laver, Borg, Stan Smith, Nadal, Djokovic e Federer. Non necessariamente in quest'ordine. Vorrei mettere Federer in cima perché penso che ci sia differenza tra un vincitore e un campione. Un vincitore è uno che statisticamente ha fatto tutto, forse al meglio. Il campione è colui che ha vinto e ha anche rappresentato il gioco, ne è stato un ambasciatore. Quindi guarderei Federer a questo proposito. Nel gioco femminile Serena, Steffi e Margaret sono forse le prime tre (Williams, Graf e Smith Court, *N.d.A.*).

FELIPE SCOLARI
Se la domanda riguarda il ventunesimo secolo, allora credo sia il Manchester City.

IAN THORPE
Michael Phelps è senza dubbio il campione del secolo.

ROBERTO MANCINI
Non saprei. Sinceramente ce ne sono talmente tanti in tutti gli sport, dal calcio, al basket, al pugilato, al tennis, allo sci, all'atletica. È veramente molto difficile dirne uno!

Se tu fossi un altro atleta, quale ti piacerebbe essere e perché?

RONALDINHO
Sono molto felice di quello che sono e ammiro i risultati di molti altri atleti. È impossibile elencare in una sola persona tutto ciò che ammiro di molti altri sportivi.

WAYDE VAN NIEKERK
Probabilmente Cristiano Ronaldo. Adoro davvero la sua passione e il suo desiderio di voler vincere e di voler essere il migliore. E la sua disciplina, il suo sacrificio e la sua capacità di lavorare molto duramente. Appare come una persona molto appassionata e decisa, e queste sono qualità che mi sarebbe davvero piaciuto aggiungere a chi sono come atleta, ma è una delle cose più difficili da implementare.

NATALIA GUITLER
Credo che Marta (calciatrice brasiliana, *N.d.A.*) sia senza dubbio un'icona e fonte di ispirazione per tutto ciò che rappresenta come atleta e per i suoi record in uno sport ancora prevalentemente maschile.

RIVALDO
Nessuno. Sono così felice di tutto quello che ho vissuto e ottenuto che vorrei essere me stesso, Rivaldo.

XAVI
Penso che probabilmente sceglierei Michael Jordan.

KAKÁ
Non c'è nessuno a cui vorrei assomigliare, tutti abbiamo avuto successi e commesso errori e tutti coloro che hanno raggiunto un livello elevato hanno dato grandi esempi. Mi piace analizzarne diversi e ogni volta che ho l'opportunità di incontrarli, mi faccio raccontare come ognuno è arrivato fin lì.

STAN SMITH
Il basket è stato il mio primo amore, ma ora mi piace giocare a golf. Sai, è più simile al tennis. Probabilmente giocherei a golf perché è uno contro uno. Mi piace davvero molto Scheffler. Ammiro anche Tom Brady, perché probabilmente è quello che si è avvicinato di più al raggiungimento del suo potenziale. È il più vicino al cento per cento per risultati e longevità.

Felipe Scolari
Sono felice e grato per la mia carriera da difensore e da allenatore.

Roberto Mancini
Sono stato felicissimo di giocare a calcio perché è sempre stato lo sport che mi ha appassionato di più, anche se mi piacciono tutti. Mi sarebbe piaciuto fare uno sport individuale, perché non potendo contare sull'apporto dei compagni di squadra devi dare molto di più.

Biografie degli atleti

Usain Bolt

Nato a Sherwood Content nel 1986, primatista mondiale dei 100 metri, 200 metri e staffetta 4x100, è considerato a oggi il più grande velocista di tutti i tempi ed è l'unico atleta nella storia ad avere vinto la medaglia d'oro nei 100 e nei 200 metri piani in tre edizioni consecutive dei Giochi olimpici, oltre che in tre diverse edizioni dei Campionati mondiali. Ha inoltre detenuto fino al 2021 i record mondiali dei 200 metri piani delle categorie Under 20 e Under 18. In carriera:

- ha vinto 8 ori olimpici; 11 ori mondiali, 2 argenti, 1 bronzo
- detiene il record del mondo nei 100 e 200 metri e staffetta 4x100
- è stato eletto per 6 volte atleta mondiale dell'anno
- ha infranto per 8 volte i record del mondo dei 100 e 200 metri e staffetta 4x100.

Rivaldo Vitor Borba Ferreira

Nato a Paulista nel 1972, è stato campione mondiale, Pallone d'oro, FIFA World Player. Considerato uno dei migliori centrocampisti della sua generazione, di natura spiccatamente offensiva, ha combinato tecnica, potenza e grande intelligenza tattica nonché fantasia nell'esecuzione. Ha giocato più di 700 partite di club, realizzando oltre 320 goal. Nelle Nazionali brasiliane ha disputato 90 partite e segnato 37 reti. Tra i suoi successi:

- 8 campionati nazionali tra Spagna, Brasile, Grecia e Uzbekistan e 5 coppe nazionali
- 1 UEFA Champions League, 2 Supercoppe UEFA
- 1 Campionato del mondo, 1 Coppa America, 1 Confederation Cup
- 1 Pallone d'oro, 1 FIFA World Player, Capocannoniere della Coppa America, Capocannoniere della Champions League, Miglior giocatore Coppa America.

LANCE BRAUMAN
È uno dei coach di maggior successo nella storia dell'atletica. Americano, ha allenato molti dei migliori sportivi degli ultimi vent'anni, tra cui primatisti mondiali, vincitori di ori olimpici e detentori di record mondiali e nazionali come Noah Lyles, Wayde van Niekerk, Jereem Richards, Shaunae Miller-Uibo, Tyson Gay, Gina Lückenkemper. Vanta:

- 8 medaglie olimpiche di cui 6 d'oro
- 12 ori mondiali
- 19 Diamond League Championship
- 3 Commonwealth Championship
- 18 volte #1 ranking mondiale della disciplina.

Alessandro Del Piero

Nato a Conegliano nel 1974, è considerato uno dei giocatori italiani migliori di tutti i tempi e tra i più forti al mondo della propria generazione. Trequartista o seconda punta, dotato di una tecnica sopraffina e di grande capacità di dribbling, corsa e controllo in velocità, è stato anche uno specialista dei calci piazzati. Campione del mondo, è il miglior marcatore nella storia della Juventus e quello col maggior numero di presenze. Nel 1998 è stato capocannoniere della UEFA Champions League. Ha realizzato 359 goal in 897 partite giocate, con la media di circa 1 goal ogni due partite ed è l'unico giocatore italiano ad aver realizzato una doppietta al Santiago Bernabeu. Ha disputato 120 partite con la maglia della Nazionale italiana, di cui 91 in Nazionale maggiore, realizzando un totale di 43 reti. Tra i vari titoli ha vinto:

- 6 campionati nazionali, 1 Coppa Italia, 4 Supercoppe italiane
- 1 UEFA Champions League, 1 Coppa intercontinentale, 1 Supercoppa UEFA
- 1 Campionato del mondo.

Sergio García Fernández

Nato a Castellon de la Plana nel 1980, è stato il primo golfista a vincere sia il Masters sia la Players Championship ed è il giocatore di golf che ha raggiunto il maggior numero di punti nella storia della Ryder Cup, rappresentando l'Europa in dieci edizioni. Ha vinto 11 tornei nel PGA Tour e 16 nel tour europeo, e si è laureato campione del mondo a squadre con la Spagna. Il suo palmarès vanta:

- 1 Masters
- 6 Ryder Cup, con il maggior numero di punti della storia della competizione
- 1 Players Championship
- 11 vittorie in tornei PGA Tour
- 16 vittorie DP World Tour
- 1 Golf World Cup
- Byron Nelson Award, Rookie of the Year, Vardon Trophy.

NATALIA GUITLER

Nata a Rio de Janeiro nel 1987, ha cominciato la carriera sportiva professionistica come tennista vincendo 5 titoli ITF, per poi passare a sport calcistici emergenti quali il footvolley e teqball, sport nei quali ha vinto 3 campionati mondiali. I suoi titoli:

- campionessa mondiale femminile teqball singolo
- campionessa mondiale teqball doppio misto
- campionessa mondiale footvolley
- titolo Reina de la Playa nel World Footvolley per due anni consecutivi.

GRANT HOLLOWAY

Nato a Chesapeake nel 1997, è uno degli specialisti dei 60 e 110 metri ostacoli migliori della storia, e dei più titolati di sempre. Imbattuto nei 60 metri ostacoli indoor (ad oggi 94 vittorie consecutive) e detentore del record mondiale, secondo tempo di sempre nei 110 metri ostacoli, specialità in cui ha corso il maggior numero di gare della storia (12 volte) sotto i 13 secondi, record NCAA. I suoi successi includono:

- 1 oro e un argento olimpico
- 3 volte campione del mondo
- 3 volte campione del mondo 60 metri ostacoli indoor. Record mondiale 60 metri ostacoli indoor.
- 1 Diamond League
- Record NCAA nei 110 metri ostacoli e 4x100

ALEIA HOBBS

Nata a New Orleans nel 1996, è una velocista statunitense che compete nei 60 e nei 100 metri, detentrice del record americano nei 60 metri e distante solo 0,02 secondi dal record del mondo realizzato trent'anni fa. È stata campionessa nazionale americana, campionessa del mondo nella staffetta 4x100 e vicecampionessa olimpica. Ad oggi detiene:

- 2 titoli nazionali americani, 2 campionati NCAA
- 1 argento olimpico 4x100
- 1 oro mondiale 4x100.

PERES JEPCHIRCHIR

Nata in Kenya nel 1993, è una delle maratonete di maggior successo nella storia dell'atletica mondiale, essendo anche l'unica donna ad aver vinto sia una World Major sia l'oro olimpico. In otto anni di carriera si è aggiudicata 14 delle 21 gare internazionali a cui ha partecipato. Ha battuto per 3 volte il record del mondo della mezza maratona e detiene ad oggi il record del mondo della maratona (solo donne). Tra i suoi titoli:

- 3 ori mondiali di mezza maratona
- 1 oro olimpico
- 3 World Majors (Londra, Boston, NYC).

JACKIE JOYNER-KERSEE

Nata a East St. Luise nel 1962, è una delle più grandi atlete di tutti i tempi. Il suo record mondiale nell'eptathlon è imbattuto da trentasette anni, detiene tutte le sei migliori prestazioni mondiali di tutti i tempi e ha battuto il record olimpico nel salto in lungo. Campionessa dei giochi panamericani, durante gli anni del college a UCLA ha segnato più di 1000 punti come giocatrice di pallacanestro ed è inserita fra le 15 migliori giocatrici della sua storia. «Sports Illustrated» l'ha eletta miglior atleta donna del ventesimo secolo. I suoi successi includono:

- record mondiale dell'eptatlon, imbattuto dal 1988, e tutte le migliori 6 prestazioni mondiali della storia
- record olimpico del salto in lungo
- 3 ori olimpici
- 4 ori mondiali
- 1 titolo di atleta mondiale dell'anno.

KAKÁ

Nato nel 1982 a Gama, Ricardo Izecson dos Santos Leite detto Kaká è considerato uno dei giocatori brasiliani più forti della storia. Pallone d'oro e campione del mondo dotato di ottima tecnica, è stato un trequartista molto completo con grande visione di gioco, capacità di dribbling, progressione palla al piede e tiro dalla distanza. In 16 anni di carriera ha realizzato 209 goal in 659 presenze da professionista tra San Paolo, Milan, Real Madrid e Orlando City, e 34 reti in 100 presenze in Nazionale. È tra i migliori marcatori brasiliani nella storia della UEFA Champions League, con 30 goal. Tra i tanti trofei annovera anche:

- 1 Pallone d'oro, 1 FIFA World Player
- 2 campionati nazionali, una Coppa di Spagna e due Supercoppe (1 italiana, 1 spagnola)
- 1 UEFA Champions League, 1 Supercoppa UEFA, 1 Coppa del mondo per club
- 1 Campionato del mondo, 2 Confederation Cup.

NOAH LYLES

Nato a Gainesville, in Florida, nel 1997, è uno dei migliori sprinter dei 100 e 200 metri nella storia dell'atletica americana e mondiale. È conosciuto per le sue performance sportive ma anche per la sua personalità spiccata e le capacità creative: è infatti un appassionato sostenitore della libertà di espressione personale, che lo porta ad amare la moda, gli anime e la musica nell'ottica di ispirare una nuova generazione di atleti e tifosi. Tra i suoi successi vanta:

- 1 oro olimpico nei 100 metri, 2 medaglie di bronzo
- 6 volte campione del mondo e 2 volte campione del mondo Under 20
- 5 volte campione della Diamond League
- 6 volte campione nazionale americano in pista
- 1 titolo di atleta dell'anno
- record americano nei 200 metri e terzo tempo nella storia dei 200 metri.

ROBERTO MANCINI

Nato a Jesi nel 1964, è considerato una delle migliori mezzepunte della storia del calcio italiano ed è uno degli allenatori italiani più titolati al mondo. Dopo l'esordio in Serie A all'età di sedici anni, ha segnato 204 reti in 739 partite nei club e ha collezionato 62 presenze nelle nazionali realizzando 13 reti. Da giocatore ha vinto:

- 2 campionati italiani e 6 Coppe Italia, 2 Supercoppe italiane
- 2 Coppe UEFA, 2 Coppe delle coppe

Nominato allenatore dell'anno da Globe Soccer Award e da World Soccer, proprio da allenatore ha collezionato:

- 3 campionati italiani, 4 Coppe Italia, 2 Supercoppe italiane
- 1 Premier League, 1 Coppa d'Inghilterra, 1 Community Shield, 1 Coppa di Turchia
- 1 Campionato d'Europa con la Nazionale italiana.

Ha infranto vari record:

- maggior numero di Coppe Italia vinte da giocatore (6), maggior numero di presenze (120) e maggior numero di Coppe Italia vinte da allenatore (4)
- 3 scudetti consecutivi vinti con l'Inter, stabilendo un record per il club
- nel Manchester City ha vinto la Premier League dopo 44 anni e la FA Cup, primo trofeo importante per il club dopo 35 anni
- 37 partite senza sconfitte con la Nazionale italiana, 9 vittorie consecutive, qualificazione a Euro 2020 senza sconfitte né pareggi nel girone.

SHAUNAE MILLER-UIBO

Nata a Nassau nel 1994, è una delle velociste più titolate della storia dei 400 metri femminili, campionessa mondiale, olimpica, indoor, outdoor sia senior sia junior. Ha vinto tutte le competizioni possibili a livello nazionale e mondiale. Il suo palmarès include:

- 12 titoli nazionali
- 2 ori olimpici
- 4 Diamond League
- 1 oro Mondiale Under 20 e 1 Mondiale Under 18
- 1 oro Commonwealth Games
- 3 ori Continental Cup
- record del mondo sui 300 metri piani.

RONALDINHO

Ronaldo de Assis Moreira, nato a Porto Alegre nel 1980, è riconosciuto come uno dei migliori giocatori della storia del calcio, grazie a una tecnica straordinaria e un estro unico. Neymar di lui dice: «Era un genio, il più grande showman del calcio». Ha realizzato 266 goal in 699 presenze da professionista tra Gremio, Paris Saint-Germain, Barcellona, Milan, Flamengo, Atletico Mineiro, Queretaro e Fluminense in 17 anni di carriera e 62 reti in 154 presenze in Nazionale. Ha vinto, tra le altre cose:

- 1 Pallone d'oro, 2 FIFA World Player
- 2 campionati nazionali, 2 Supercoppe di Spagna
- 1 UEFA Champions League, 1 Coppa Libertadores, 1 Recopa Sudamericana
- 1 Campionato del mondo, 1 Confederation Cup, 1 Mondiale Under 17, 1 bronzo olimpico.

ARRIGO SACCHI

Nato a Fusignano nel 1946, è stato uno degli allenatori più innovatori nella storia del calcio a livello mondiale.

La rivista «France Football» l'ha inserito al terzo posto nella classifica dei migliori 50 allenatori di tutti i tempi. Il suo Milan (1987-1991) è ritenuto una delle squadre che ha sviluppato il gioco migliore della storia del calcio, combinando applicazione della zona, difesa in linea, pressing sistematico a centrocampo in una forma di calcio totale in cui i giocatori avevano un continuo ruolo in entrambe le fasi, sia offensiva sia difensiva. È l'unico allenatore della storia ad aver vinto per due anni consecutivi la combinazione Coppa dei campioni, Supercoppa UEFA e Coppa intercontinentale. Nel suo palmarès:

- 1 campionato italiano, 1 Supercoppa italiana
- 2 Coppe dei campioni, 2 Supercoppe UEFA, 2 Coppe intercontinentali
- vicecampione del mondo con la Nazionale italiana
- titolo di allenatore dell'anno World Soccer.

LUIZ FELIPE SCOLARI

Nato a Passo Fundo nel 1948, campione del mondo e vincitore della Confederation Cup con il Brasile è, insieme a Marcello Lippi, l'unico allenatore della storia ad avere vinto la massima competizione internazionale per club in due continenti diversi (Asia e America). Da allenatore di club ha vinto 551 delle 1163 partite disputate con una media di vittorie del 49 per cento.

Nel suo palmarès:

- 1 Campionato del mondo, 1 Confederation Cup, 1 Coppa delle nazioni del Golfo. Vicecampione d'Europa col Portogallo.
- 2 campionati brasiliani, 4 Coppe del Brasile, con 3 squadre diverse

- 1 AFC Champions League, 2 Coppe Libertadores, 1 Recopa Sudamericana
- 1 campionato kuwaitiano, 1 Kuwait Emir Cup, 3 campionati cinesi, 1 Coppa cinese, 2 Supercoppe cinesi.

COREY SEAGER

Nato a Charlotte nel 1994, giocatore dei Texas Rangers, è considerato il miglior interbase della sua generazione. Rookie of the Year, MLB All-Star già nelle sue due prime stagioni nella Major League, MVP NL Championship e MVP World Series. Primo interbase mancino della storia della MLB a raggiungere i 200 fuoricampo, detiene anche i record del maggior numero di fuoricampo per un interbase mancino in una stagione, il maggior numero di doppi in una stagione per un rookie dei Dodgers ed è stato il primo giocatore a ottenere il titolo di MVP delle World Series in entrambe le leghe in una stagione. Tra i suoi successi ricordiamo:

- 5 All-Star.
- 2 World Series
- 2 World Series MVP, NLCS MVP
- NL Rookie of the Year
- 3 Silver Slugger Award.

STAN SMITH

Nato a Pasadena nel 1946, è l'ottavo tennista più titolato della storia e considerato uno dei venti migliori di sempre. È stato numero 1 al mondo, ha ottenuto 64 titoli, vincendo 779 delle 1084 partite disputate da professionista (il 72 per cento). Attraverso la partnership con Adidas, che ha accompagnato come sponsor tecnico tutta la sua carriera sia da giocatore che da allenatore, fu rinominata a suo nome la calzatura Haillet, divenuta appunto Stan Smith nel 1978. Tra gli altri titoli vanta la vittoria di:

- 7 Coppe Davis
- 4 Grandi Slam (2 singoli, 2 doppio)
- 2 Tour Finals.

IAN THORPE

Nato a Sydney nel 1982, è considerato uno dei più grandi nuotatori di tutti i tempi. È stato, a quattordici anni, l'atleta australiano più giovane a rappresentare il Paese ai Giochi olimpici e un anno dopo è diventato il più giovane campione del mondo individuale maschile della storia. A sedici anni è diventato il nuotatore più giovane della storia a fare un record mondiale, che fu seguito da altri ventidue. È uno dei tre nuotatori più grandi nella storia del nuoto mondiale e l'atleta australiano più titolato di sempre. Si è laureato:

- 5 volte campione olimpico con un totale di 9 medaglie in soli 2 Giochi olimpici
- 11 volte campione del mondo di nuoto, e 2 volte in vasca corta
- 23 recordman mondiale
- 4 volte World Swimmer of the Year.

WAYDE VAN NIEKERK

Nato a Città del Capo nel 1992, è l'attuale primatista mondiale dei 400 metri piani, nonché il primo atleta nella storia ad aver corso i 100 metri piani in meno di

10 secondi, i 200 metri piani in meno di 20 secondi e i 400 metri piani in meno di 44 secondi. È il primo atleta africano ad aver conquistato il titolo mondiale sui 400 metri piani. Tra i suoi titoli vanta:

- record del mondo dei 400 metri
- 1 oro olimpico
- 2 volte campione mondiale
- 2 volte campione africano
- altre 5 medaglie d'argento tra Mondiali, World Relays, Commonwealth Games, Campionati africani e Universiadi.

XAVI

Xavier Hernández Creus, nato a Terrassa nel 1980, è considerato uno dei centrocampisti più forti della storia. Da regista o centrocampista difensivo dimostrava una straordinaria visione di gioco, precisione nei passaggi e tempismo nel movimento. Sapeva alternare una grande abilità nel palleggio negli spazi stretti alla ricerca della profondità e verticalizzazione improvvisa.

Ha dedicato 23 anni della sua carriera da giocatore al Barcellona vincendo più di 25 trofei, e tornando da allenatore per poi conquistare campionato e Supercoppa di Spagna. In Nazionale vanta 190 presenze, a partire dalla Under 17, e 26 goal. Ha vinto, tra le altre cose:

- 8 campionati nazionali, 3 Coppe di Spagna, 6 Supercoppe di Spagna
- 4 UEFA Champions League, 2 Supercoppe UEFA, 2 Coppe del mondo per club
- 1 Campionato del mondo, 2 Campionati d'Europa, 1 Mondiale Under 20, 1 argento olimpico

- da allenatore ha vinto un campionato e una Supercoppa di Spagna con il Barcellona, in Qatar 1 campionato e due Coppe.

Common goal

Common Goal mobilita il potere del calcio per unire le persone e stimolare il cambiamento sociale.

Come movimento focalizzato sul calcio, lavora per stabilire un legame tra l'influenza culturale e finanziaria dell'industria calcistica e organizzazioni locali in tutto il mondo che, attraverso questo splendido gioco, intendono smantellare le disuguaglianze e costruire un futuro migliore per tutti.

Il movimento opera in oltre 200 comunità e oltre 90 Paesi per migliorare le condizioni di vita dei giovani. In decenni di lavoro nel mondo del calcio per attività benefiche, Common Goal ha visto che tramite la gioia condivisa che questo sport porta è possibile avere sulla società un impatto reale e migliorativo.

Ci vuole una squadra per vincere una partita. Ecco perché Common Goal collabora con istituzioni calcistiche, aziende private, enti governativi e fondazioni, creando valore condiviso e impatto sostenibile. Nel corso degli anni, Common Goal ha cooperato con oltre 100 partner e alleati del calibro di Adidas, Right to Dream e PepsiCo. Common Goal incoraggia inoltre giocatori professionisti, manager, dirigenti e club a donare almeno l'1 per cento dei loro stipendi per favorire e stimolare il cambiamento sociale attraverso il calcio. Giorgio Chiellini, Vivianne Miedema, Dani Olmo, Naomi Girma, Jürgen Klopp e Casey Stoney sono tra gli oltre 200 giocatori professionisti e dirigenti che hanno aderito al movimento.

Ringraziamenti

Un grazie particolare a chi ha ispirato o aiutato la realizzazione di questo scritto attraverso un contributo personale.

Cinzia, Corrado, Francesco G., Maria, Max, Maxi, Paolo, Patrick, Ricki, Silvio, Stefano, Tom, per il tempo dedicato alla prima lettura e per l'onestà del primo riscontro che mi ha fornito il coraggio di continuare e l'ispirazione per continuare a migliorare.

Grazie a Moritz per l'aiuto indispensabile nell'esplorazione grafica.

Grazie a Thomas e Riccardo per la traduzione in inglese che penso rifletta molto bene l'intento e la forma desiderata dall'autore e dai campioni.

Grazie a Luca che, per primo, ha creduto nel libro e ha creato le condizioni per la finalizzazione e pubblicazione. A Martina che con chiarezza ha supportato e facilitato la redazione del testo e a Leonardo che mi ha accompagnato, in maniera soprendente, stimolante e construttiva, con un feedback sempre chiaro e mai banale, in un percorso di editing in cui penso di aver imparato tantissimo. Grazie.

Un grazie veramente speciale a tutti i campioni che hanno deciso di offrire il loro contributo come esempio e modello per ciascun lettore interessato a come si possa creare, sviluppare, e motivare un successo così straordinario nello sport, con valori, significati e spunti di ispirazione che trascendono la disciplina praticata e che possono essere interpretati in ogni campo di applicazione, incluso quello professionale. Atleti di questo calibro rappresentano un modello di comportamento e di miglioramento personale per la nostra vita. Così come lo sport, è un maestro, penso, indispensabile in ogni fase della nostra esistenza.

Tutte le testimonianze di questo libro sono state raccolte dall'autore in varie e diverse interazioni con i campioni, e tradotte dalla lingua originale cercando di coglierne al meglio il significato.

Finito di stampare nel mese di aprile 2025
per conto di RCS MediaGroup S.p.A.,
da Rotolito S.p.A., Via Sondrio, 3, Pioltello (Milano)
Printed in Italy